21天积极养育计划

晴天妈妈 著

天津出版传媒集团

天津人民出版社

图书在版编目（CIP）数据

21天积极养育计划 / 晴天妈妈著. -- 天津：天津人民出版社，2022.6
　ISBN 978-7-201-18543-9

Ⅰ.①2… Ⅱ.①晴… Ⅲ.①亲子教育 Ⅳ.① G781

中国版本图书馆 CIP 数据核字（2022）第 094915 号

21天积极养育计划
21 TIAN JIJI YANGYU JIHUA

晴天妈妈　著

出　　版	天津人民出版社
出 版 人	刘　庆
地　　址	天津市和平区西康路 35 号康岳大厦
邮政编码	300051
邮购电话	（022）23332469
电子信箱	reader@tjrmcbs.com
责任编辑	谢仁林
装帧设计	闫　欢
制版印刷	天津画中画印刷有限公司
经　　销	新华书店
开　　本	920 毫米 ×1280 毫米　1/16
印　　张	14.5
字　　数	185 千字
版次印次	2022 年 6 月第 1 版　2022 年 6 月第 1 次印刷
定　　价	59.00 元

版权所有 侵权必究
图书如出现印装质量问题，请致电联系调换（022-23332469）

序

我是如此欣赏晴天妈妈！她是一位优秀的妈妈，在北京大学攻读硕士学位期间，她边学习边带娃，不但学业一点儿没有耽误，而且通过养育三个孩子成就了自己的事业。她又是一位高产的作家，近些年出版了很多亲子教育方面的图书，每一本都令人耳目一新。她还是一位辛勤耕耘的教育专家，在有条不紊地养育三个孩子的同时，还在各大平台上向全国的家长们传播育儿理念和知识，非常受欢迎。

我非常荣幸地被晴天妈妈喊作"刘妈妈"。她和我的女儿年龄相仿，都毕业于北京大学。她成长过程中接受的家庭教育，跟我的女儿也非常相似。有一次，她对我说，其实她们这样的孩子是在"爱大"毕业的。

我和她第一次深度合作，是在"21天'戒吼'训练营"。我负责"疗愈"部分，帮助父母看到自身成长的过程，疗愈曾经的伤痛，从而成为更好的自己。她则负责"指导"部分，她教给父母很多"戒吼"的技巧。我们的合作愉快又默契，学员们也非常有收获。

本书中的育儿知识丰富翔实，育儿方法也很有实操性，而且以21天的形式贯穿全文，可谓用心良苦、独树一帜。我想，读者拿到书后可以每天阅读一天的内容，并在生活中将此实实在在地用起来，这便是真正地读懂这本书了。

我喜欢书名中的"积极"一词，给人希望。每个孩子都本自具足，父母只需要无条件地积极关注他们，陪着他们探索自身强大的生命力，他们自然就会成为负责任的人。那么，父母如何陪伴孩子呢？书中给了很多极好的方法。

多年的家庭教育经验让我深深体会到，从"知道"到"做到"一定要多实践、多练习。读者们读完这本书之后，一定要在实际生活中运用书中提到的育儿方法。毕竟每个孩子不同，父母需要找到适合自己孩子的养育方法，切不可生搬硬套，只有如此，这些方法才能切实帮到你们。

祝贺晴天妈妈，祝福各位家长！

"陪伴教育"三部曲作者　刘称莲

目录

Part 1　改善亲子关系

从"乱吼"到"会吼"

第 1 天　为什么会对孩子大吼大叫 / 004

第 2 天　吼，可不是"乱吼" / 019

从"坏脾气"到"好性格"

第 3 天　"坏"孩子从何而来 / 033

第 4 天　管好情绪"小怪兽" / 051

探索家庭的真相

第 5 天　与原生家庭和解 / 069

第 6 天　重塑你与孩子的关系 / 079

第 7 天　复盘日 / 093

Part II 亲子共育计划

从"监工"到"合伙人"

第 8 天　做孩子成长路上的"合伙人" / 096

第 9 天　好玩，才会合作 / 105

建立规则感和边界感

第 10 天　规则，帮孩子在自由中自律 / 119

第 11 天　边界，帮孩子在混乱中梳理 / 129

打造终身受益的微习惯

第 12 天　时间管理，帮孩子从容不迫 / 137

第 13 天　不沉迷，帮孩子找到积极的娱乐习惯 / 149

第 14 天　复盘日 / 157

Part III 培育底层能力

激活孩子的自尊感

第 **15** 天　学会夸赞，培养孩子的成长型思维 / 160

第 **16** 天　管理亲子关系中的未满足期待 / 171

唤醒孩子的自驱力

第 **17** 天　走出养育的三个误区 / 177

第 **18** 天　让孩子的内驱力自然生长 / 187

升级孩子的专注力

第 **19** 天　扫雷，你不知道的专注力真相 / 194

第 **20** 天　深挖，心流创造超长优势 / 209

第 **21** 天　复盘日 / 222

○后记 / 223

Start
积极养育

Part I 改善亲子关系

Part II 亲子共育计划

Part III 培育底层能力

Part 1
改善亲子关系

从"乱吼"
到"会吼"

从"坏脾气"
到"好性格"

探索家庭的真相

第1天

第2天

从"乱吼"
到"会吼"

第1天
ⓘ 为什么会对孩子大吼大叫

手机没电了,我们会去充电。而父母这个"职业",一经上岗,持续待机,超长续航。一旦没电了,我们的情绪往往会"拉响警报",大声吼叫,吼叫的对象经常是自家的孩子。

这个循环,父母都亲身经历过:我们催了100遍,讲了101遍道理,孩子依然不听,便忍不住吼叫他,他暂时屈服,我们却无比内疚,觉得自己是"变态"或者"暴君"。然而,下次又情景重现,

"吼叫—后悔—吼叫"，进入死循环。

孩子此起彼伏的哭声，受到惊吓的小脸，睡梦中的抽泣，都是父母吼叫之后需要面对的。我们不是坏父母，只是"缺电"了。吼叫是父母的内心在"报警"，需要暂停，需要充电，需要重新与自己、与孩子交心。

01 / 条件反射式吼娃

|"吼娃魔咒"

父母都不想吼孩子，但几乎都躲不开"吼娃魔咒"。每一次尝试谆谆教诲，都变成了软硬兼施。每一次告诉自己要心平气和，到最后都变成了歇斯底里。此时再看到诸如"好父母让孩子受益一生""情绪稳定的父母才是最大的宝藏"这样的口号，父母更会憋出内伤。

关于父母养育方式的调查发现，只有约10%的父母在遇到问题时会耐心说教，近70%的父母会忍不住吼孩子。虽然频繁责打孩子的情况近些年比较少见，但是大多数父母表示，在个别情况下还是会"忍不住"上手。

吼娃
父母被逼疯，一顿嘶吼

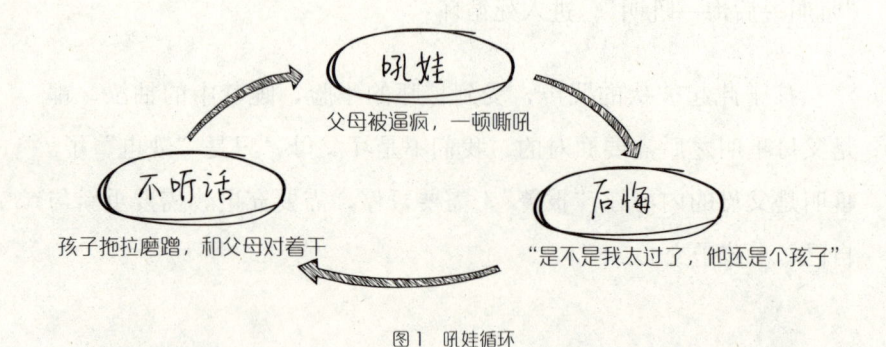

不听话
孩子拖拉磨蹭，和父母对着干

后悔
"是不是我太过了，他还是个孩子"

图 1　吼娃循环

接触过这么多家庭，我坚信没有一位父母愿意吼孩子。育儿妙招学了不少，但遇到问题时，面对说了不听、听了不做、错了再犯的孩子，劳累了一天的父母已无更多耐性，就像电量低的手机，已无力调成理智模式，直接滑入情绪崩溃的失控模式。

吼，是父母情绪失控时能想到的最快也最直接的方法。虽然事后父母总是内疚自责，但当问题再次出现时，他们还是会情不自禁地吼出来。久而久之，吼，就成了很多父母的养娃习惯，即使孩子只是犯了小错，也常常会被吼几句。这样的条件反射式吼娃，已经成为新时代父母育儿路上的死循环。想改，但往往改不了！

｜自动化模式

心理学家丹尼尔·卡尼曼认为，思考有两种方式：快思考与慢思考。快思考是自动的、快速的、直觉式的思考，这是我们经常使用的思考方式。我们平常所做的大部分事情，因为频繁练习和记忆，已经极其熟练，所以做起来几乎不费功夫，比如骑自行车、刷牙，不用耗费太多脑力就能完成。慢思考讲究逻辑，比较耗时，而且会控制和监督我们的行为，比如学习知识、完成复杂的任务。

人们通常以为大脑中占主导地位的是理性的慢思考，其实大部分情况下，占主导地位的是直觉的快思考。直觉思考使我们能够迅速对眼前的情况做出反应，但也容易犯错。

可以这么说，"不想吼但吼"是我们的自动化模式，也就是快思考；"想吼但不吼"是我们的理性模式，也就是慢思考。当看到孩子屡教不改时，我们的大脑就会不受控制，就会被快思考绑架，自动进入吼叫模式，那时什么育儿方法都不好用了。

有一次，在电影院里，孩子和我边看电影边大声地讨论剧情，看到兴奋的地方，他甚至会站起来手舞足蹈。朋友在一旁善意地提醒道："管管你的孩子，影响到别人了。"当时我的直觉反应是——呵斥他，不能让朋友觉得我的孩子没家教！但这样做通常不能解决问题，反而会引起孩子激烈的情绪反应。

当时我的脑子很乱，不知道该如何有效劝阻孩子。我尝试用游戏沟通的方法，压低声音，用气声和孩子对话，告诉他声音太大了，妈妈听不清电影里的人物说话。孩子觉得这种方式很有趣，也用气声回答我。但没过多久，他又恢复了老样子。在看电影的整个过程中，孩子的表现不好，影响了别人；我们沟通的效果也不好，无论我怎样劝导，他依然我行我素。

其实生活里这样的场景非常多，父母经常感到困惑和无力。超市里孩子和你撒娇必须要多买一盒冰激凌，地铁站里孩子哭着打滚说不想回家，马上要出门但是孩子还沉浸在游戏世界里连袜子都不穿，等等。

经常听到家长说：

"道理我都懂，可我就是做不到啊。"

"老师你不知道，我家孩子和那些自觉的孩子不一样，不管我怎么苦口婆心地说，他就是不改啊！"

"我家孩子特别调皮，我真的很累。每当他捣乱时，我就会忍不住大声训斥他，我也很后悔。"

"孩子太不听话了，我们小时候不听话时，父母也是把我们大骂一顿的。"

是啊，我们总是不能让孩子"听话"，我们沮丧、苦恼、愤怒，甚至控制不住自己的情绪大吼大叫，但通常解决不了问题，还破坏了亲子关系。这么费力不讨好，问题到底出在哪儿了呢？

| 觉察自动化模式，解除"吼娃魔咒"

因为教育问题，父母气得大吼大叫、孩子吓得哇哇大哭的情景，我们已司空见惯。在无意识地给自己的情绪寻找宣泄口时，父母并没有注意到吼已失效，甚至起了反作用，往往本能地将原因归结为孩子越来越调皮。

吼，容易让孩子叛逆、自卑、撒谎，我们早有耳闻。每一位父母都不想用吼叫的方式管教孩子。如果你陷入了"吼娃魔咒"，希望你能理解，这不是一件可耻的事情，而是大脑快思考的惯性选择。即使你选择了对孩子大吼大叫，也不必太过内疚。重要的是，你需要明白，自己一直有选择慢思考的权利，不必一直听从快思考的决策。

当下次忍不住要对孩子大吼大叫时，你可以：

（1）按下"暂停键"。及时觉察自己的情绪和行为模式，提醒自己吼叫并不能解决问题。

（2）倾听孩子的诉说，理解他的无助和混乱。

（3）合理表达自己的想法和要求，邀请孩子一起想办法解决问题。

拆解套路：打破负面循环，从"乱吼"到"会吼"，不被形式所累，才能和孩子从对抗走向合作。

02 / 失控的父母

著名心理治疗师萨提亚提出了"冰山理论"。"冰山理论"包含七个层次,从上到下依次是行为、应对方式、感受、观点、期待、渴望和自我。

我们平时观察到的行为,就像冰山暴露在海面上的部分,而大部分的内在世界都隐藏在幽深的海底世界中,不容易被人发现。

图2 "冰山理论"

"冰山理论"可以帮助父母将注意力转向自身的内在过程,觉察那些隐藏的感受、观点和期待……我们会发现,打骂孩子的时刻,往往是自己情绪崩溃的时刻。

或许我们在工作中遇到了不如意，或许我们刚刚和爱人吵了一架，或许我们压力过大而一夜无眠，孩子的某些行为瞬间压倒了我们的理智，成为我们失控的导火索。

责罚孩子，是很多父母简单快捷的发泄办法，也是无能为力之下做出的最无奈的反应。

心理学和社会学实验证明，我们更容易对使我们有安全感的人释放真实的攻击性。比如，对家人发脾气，对陌生人却很客气。父母便是因为和孩子之间的依恋关系最稳定，才会肆意释放自己的感受。

一位全职妈妈曾经跟我分享，由于和婆婆产生了矛盾，她很烦躁，孩子哭闹着要吃零食时，便忍不住打了他。事后，她承认自己将婆媳之间的负面情绪投射到了孩子身上，非常懊悔。

妈妈当然知道孩子很无辜，然而家庭成员间沟通产生的委屈、家务造成的疲惫、老公无暇顾及家庭的怨念像龙卷风一样，可以瞬间把原本脾气温和的妈妈卷进情绪风暴的中心。

"孩子还小，我不应该对他大吼大叫。"

"我不能让孩子被我的状态影响。"

"我需要站在孩子的角度，体会他的感受。"

"我可以寻找更好的解决方法。"

这是妈妈心底的声音，但情绪失控时，妈妈早已经把一切抛之脑后。孩子是多么容易成为家长不良情绪的发泄对象。

"踢猫效应"

"踢猫效应"指的是人们的坏情绪会向最弱一环流动的规律。人们的不满情绪和坏心情，一般会沿着弱于自己或者等级低于自己的对象依次传递，产生连锁反应，无处发泄的最弱小的对象则成为最终的受害者。

也就是说，在一个家庭里，最弱小的孩子往往是父母负面情绪的最终承受者。比如，爸爸被领导批评了，回家后抱怨妈妈做的菜咸了，妈妈刚跟爸爸吵了两句，走到孩子书桌前吼道："作业怎么写得这么慢，看看别人家的孩子。"孩子很委屈，出门扔垃圾时，把邻居家的猫踢了。其实，这是一种负面情绪的转移。

很多父母都曾有过这样的体会：一心想把孩子照顾好，但又总感觉力不从心，会忍不住对孩子大吼大叫。难道父母真的不想有好脾气吗？不是的，是一层又一层的压力，让我们无意识地把最弱小的孩子变成了"出气筒"。

有读者私信我说,她是一位新手妈妈,面对刚出生的孩子,既满心欢喜又略有紧张。她的孩子经常吃完奶不睡觉,总是哭闹。熟睡的丈夫醒来抱孩子,孩子仍旧哭闹。丈夫索性叫醒她,让她哄孩子,自己继续睡。

这位妈妈每两个小时喂一次奶,睡眠严重不足,她看着哭泣不止的孩子,第一次在半夜发火道:"大晚上的不睡觉,就知道哭!"孩子受到惊吓后,哭得更加厉害了。这位妈妈不禁羞愧难当,抱着孩子也哭了起来,甚至质疑自己:"我是不是不配做一个妈妈?"

这么小的孩子,难道真的是故意的吗?当然不是。不管是生理上的不舒服,还是环境上的不适应,婴儿都需要妈妈慢慢安抚。而妈妈因疲惫导致的情绪失控,却像洪水一样倾泻给了孩子。

假如妈妈每天晚上都这样应对婴儿的哭闹,这个婴儿的未来会怎样呢?假如妈妈每天都陷入这样的循环,这位妈妈的未来又会怎样呢?

| 避免"踢猫效应",减少情绪污染

我们每个人都是"踢猫效应"长链条中的一个环节,遇到比自己弱小的人,都有将愤怒转移出去的倾向。一个人沉溺于负面事件,就会产生负面情绪,当他习惯于把负面情绪转移给别人,久而

久之，就会形成恶性循环。

　　社会心理学家费斯汀格曾提出一个著名的观点，被人们称为"费斯汀格法则"：在生活中，仅有10%的事件是直接发生在我们身上的，而其余90%的事件则是由我们对所发生之事的反应决定的。

　　也许我们不能避免被"踢"，但可以决定是否去"踢"别人。甚至，我们可以主动选择不去"踢"别人。

03 / 被支配的孩子

| 尊重孩子，而不是征服孩子

　　我们往往有一个根深蒂固的观念：孩子是父母的私有财产。因此，父母可以居高临下，随意地管教和支配孩子。这其实是无视"孩子与成人一样，也是独立个体"的事实。

　　你是否听过类似这样的话：

"隔壁家的孩子都能考满分,为什么你就不行?"

"我们辛辛苦苦地工作,还不都是为了你?"

"我这么管你是为了你好,你考得这么差,对得起我吗?"

"让你去学医是为了你好,希望你以后能够安稳地生活。"

"我们骂你,还不都是为了督促你成才?"

"我拼命地工作,让你上最好的学校,你为什么不好好学习呢?"

"我们都是为了你好,你怎么就不懂呢?"

图 3　控制型父母常用的语言

可是,这真的是为了孩子好吗?

在这种亲子关系里,每个人都很无力。同在一个屋檐下,父母和孩子活出了时空交错感,忙碌的父母偶尔陪伴孩子,充斥的只有批评和指责。没人关心对方感受好不好,只关心对方做得好不好。家长守着权威,孩子守着委屈,明明很爱对方,可就是不能好好说话。

我们把愤怒、责骂、管教错认成爱,但其实爱应该是温柔,是信任,是沟通。我们都在关注孩子飞得高不高,却没有人问孩子过得好不好。我们常常问孩子考试考了多少分，却很少审视自己为人父母是否合格。

教育的初衷，一定是为了让孩子健康、幸福地成长，千万不要因为教育途中遇到一些坎坷和挫折就沮丧、气馁，甚至赌气、放弃；千万不要因为一时不尽如人意，就忘了自己的初心。爱，是教育唯一的本质！

| 对溺爱说不

溺爱，是这个世界上最可怕的爱。它让孩子永远无法心理断奶，处处依赖父母，始终无法自立，最终长成"巨婴"。父母的过度操劳，往往养出的是懒惰、自私、不知感恩的孩子。

我们很容易在家庭中混淆界限，而在没有界限感的家庭里长大的孩子是无法形成独立人格的。其实任何关系都需要"适度"，尤其是亲密关系。夫妻之间需要相敬如宾、举案齐眉，亲子关系需要适度让位、学会放手。任何一种不尊重界限的关系，都会走向分崩离析。

多少父母一面埋怨孩子不争气，一面忙着替孩子操劳？我们既然无法永远抱着孩子，为什么要让他当一辈子"巨婴"？我们既然无法照顾孩子一生，为什么要剥夺他生存的能力？我们看过太多因为过分溺爱孩子而将孩子推入深渊的父母了。

爱，从来都不是易事，也不是与生俱来的技能。爱，是我们最值得学习的本领。爱，不是攻心术，也不是厚黑学。如果不会爱，即使你使出洪荒之力，对方看着也是面目狰狞。爱的初心是为对方好，爱的路径也一定不要背离原点。爱他，是如他所是，而非如你所想。

父母之爱其实是一场渐行渐远的别离，我们终将与孩子分离，不如在他最需要关爱的时候给他呵护，在他最需要独处的年纪学会放手。

觉醒时刻

识别行为扫描仪

1. 让你频繁吼娃的一件事是什么？

示例：孩子一次次地破坏我制定的规则。

◎ _____

2. 全部是孩子的错吗？

示例：每次吼完我才意识到并不全是孩子的错。

◎ _____

3. 是否还有其他原因？

示例：我制定的规则比较严苛，没有充分考虑孩子的感受。

◎ _____

4. 哪些方法可以帮你平静下来？

示例：站在孩子的立场上思考问题，学会换位思考。

◎ _____

第1天

第2天

从"乱吼"
到"会吼"

第2天
ⓘ 吼，可不是"乱吼"

有的父母说："我当然知道吼叫不好，那我憋着，不在孩子面前失控不就好了吗？我演也演出一个'好父母'的样子！"还有很多文章和视频告诉父母：父母的好脾气是一家子的幸福之源，妈妈的好情绪是孩子一生最大的财富，等等。

由此看来，似乎发脾气、吼孩子是天大的罪恶。但我想说，该表达就要表达，不能"憋吼"，而是要"会吼"，把情绪表达到点子上。在放任、忽视之外，找到支持孩子的好方法。

01 / 大吼大叫真的有效吗？

很多父母说："在跟孩子发生冲突时，我就会忍不住吼叫。"那么，吼叫真的有用吗？

其实，人在应激状态下，往往会陷入战斗、逃跑、僵硬的状态。例如，当我们开车时，启动、踩油门、刹车，进入的分别是战斗、逃跑和僵硬状态，这些时刻是高唤醒状态；当我们安静地停车时，便慢慢地进入低唤醒状态。因此很多时候"我一吼他就老实，我一揍他就听话"，不见得是孩子明事理、懂规矩，很可能是孩子被吓坏了，进入了高度警觉甚至过度惊吓的状态。

中国青少年研究中心和共青团中央国际联络部发布的《中国青年发展报告》显示，我国17岁以下的儿童、青少年中，约3000万人受到过各种情绪障碍和行为问题的困扰。心理疾病的低龄化趋势越来越明显。这些数据的背后，是孩子所承受的教育压力。从小被控制、被否定的孩子，会逐渐失去活力，慢慢消沉，陷入"习得性无助"，生命活力越来越低。所谓"习得性无助"，是指人在持久、普遍的压力环境下，会出现自我归因式的心理崩溃现象，最终导致无力和抑郁。我们在家长微信群里时常看到这样的段子："你'鸡娃'，我'鸡娃'，大家一起上清华。"但现实中，这样的孩子不但没能上清华，反而因压力过大，走向了抑郁和崩溃。

我们需要时刻提醒自己，育儿中要注意度的把握，就像开车不能一直踩油门，也不能一直踩刹车。我们需要的是动态的平衡，让孩子在自我状态中，找到与父母合作的平衡点。

| 父母的语言，塑造孩子的大脑

很多父母徒有一颗爱孩子的心，却不太懂得用恰当的方式表达。其实，父母的语言，已经在塑造孩子的大脑了。芝加哥大学医学院"3000万词汇倡议"机构研究发现，三岁儿童每天使用词汇的86%～98%都与父母是一致的；四岁左右，不同家庭语言环境下成长的孩子之间，词汇量的差距可以高达3000万。而这些词汇，是积极的，还是消极的；是有爱的，还是刻薄的；是丰富的，还是匮乏的，都会影响孩子未来的性格和认知。父母的语言，藏着孩子的未来。你想培养什么样的孩子，就用什么样的语言"雕塑"孩子。

很多父母习惯性地"出口成伤",没有意识到自己对孩子说了不该说的话:

"你真是头猪!"　　"你太笨了!"　　"你怎么这么无知!"

"我怎么生了你这么蠢的孩子!"　　"你看看别人家的孩子!"

"这么简单的事,你都不会做!"　　"我真是为你操碎了心!"

图4　父母对孩子的语言暴力

父母的很多语言无意识地影响了孩子的一生——讽刺挖苦,批评指责,打击反对,等等。过激的言辞会给孩子留下心灵创伤,短至一瞬,长及一生。很多父母没有意识到自己的话对孩子的成长有这么大的影响,没有觉察到自己对孩子说了不该说的话。

而从小被允许、被温柔以待的孩子,看上去做了很多不可思议的事情,但他们在一次次自主尝试的过程中建立了一套自己的心智模式:

"我都可以试试。"　　"我做什么事情都是可爱的。"

"我不会因为某个选择,就不值得被爱了。"　　"我一定可以做到。"

"我是值得被爱的,没必要担心别人的评价。"

图5　孩子积极的心智模式

这样的人生底色，会让孩子的人格更加完善，选择更加自由，做事更加主动，对自己、对他人更加信任，思维也会在不断的尝试和思考中变得更加敏捷。

父母养育孩子的方式与言行举止是孩子建立个性与自信的基础，对孩子的情绪、社交、认知都有影响。其实，所谓"让孩子赢在起跑线上"，并不是给孩子报多少辅导班和兴趣班，而是让他一出生就能生活在积极的、有爱的、丰富的语言环境中。

| 爱需要表达，更需要使用正确的语言表达

"3000万词汇倡议"机构创始人达娜·萨斯金德博士提出了"3T"原则，旨在帮助父母提高自身的语言质量，为孩子构建良好的语言环境：

共情关注（Tune in）。关注你的孩子在做什么，并使用丰富的、关怀的话语跟他互动。父母长期和孩子进行"共情关注"，孩子的关注力会更加持久，对日后的社交、学习等都有益处。

充分交流（Talk more）。父母要多跟孩子交流，并使用大量的描述性词语，让孩子接触到广泛的词语。日积月累，孩子便会主动探索更详尽、更复杂的交流模式。

轮流谈话（Take turns）。父母和孩子交流时，可以轮流参与谈话。这不仅能使孩子的智力得到开发，而且你来我往的亲子互动还可以改善亲子关系。

自己说好话、做好事，做真实有爱的父母，孩子才可能心智健全。好孩子不是"教"出来的，而是"长"出来的。家庭中出现的语言和对话，就像是系统的"出厂语言设置"，改善默认的"出厂语言设置"，孩子才能获得受益一生的爱和成长的能力。

我有三个孩子，小千、小万和小亿。小千是姐姐，小万和小亿是双胞胎弟弟。

前段时间，小亿在家宅了几天，快到放学时，他陪我去接小千和小万。

小亿说："妈妈，小万可真辛苦。"

我问道："怎么辛苦了？"

小亿说："上了一天幼儿园，还要帮我请假，可真辛苦呀。"

这个逻辑可真像父母吐槽"上了一整天班了，还要回家带孩子"。不同的是，孩子优化了情绪，没有抱怨，而是感恩，想想就有意思。

孩子还用教吗？简直是无差别地学习父母的语言。父母的情绪、社交、认知，都在语言里了。

02 / 不避讳吼，真诚和孩子建立连接

| 依恋类型，影响孩子的一生

心理学家约翰·鲍比对"二战"后受过创伤的孩子做过一项心理研究，发现那些早年与母亲发生分离的孩子，在人际关系的互动中有更多的回避和矛盾，属于不安全依恋类型。不安全依恋类型的孩子在成年后，想靠近亲密关系但靠不近，或者干脆回避亲密关系，采取自给自足的态度，与人切断连接。

安全感不仅仅是觉得稳定、安全，还包括可控感和确定感。早在婴儿期亲子之间的互动，就已经为孩子日后的安全感埋下了伏笔。这种亲子互动，也就是心理学家定义的依恋，即婴儿和其照顾者（一般为母亲）之间存在的一种特殊的情感关系。它产生于婴儿与其父母相互作用的过程中，是一种感情上的连接。随着年龄增长，早年的安全依恋状态，会扩大到孩子的可控感、信任感、秩序感、亲密关系和情绪、社交能力等方面。

大多数孩子，是**安全依恋类型**。比较典型的表现是，孩子与母亲在一起时能舒心地玩玩具，并不总是依附于母亲；当母亲离开时，孩子虽然明显地表现出苦恼，但是母亲回来，他会立即寻求与母亲的接触，并很快平静下来，继续玩游戏。也就是说："你在我高兴，你走我伤心，但这两种状态我都能承受。"

相当一部分孩子的**不安全依恋类型**，是**回避型**。当母亲离开时，孩子并不紧张或忧虑；当母亲回来时，孩子短暂接近一下又走开，甚至不予理会，表现出忽视或躲避行为。这类儿童接受陌生人的安慰与母亲的安慰没有差别。也就是说："你来我躲着你，你走我无所谓，你猜我能承受吗？"

还有一种孩子的**不安全依恋类型**，是**反抗型**。孩子对母亲的离开，表示强烈反抗；母亲回来，孩子虽然寻求与母亲的接触，但是同时显示出反抗，甚至发怒，不再去玩游戏。也就是说："你走我不爽，你来我很气愤，你猜我怎么才能承受住？"

研究发现，安全依恋类型儿童占65%～70%，不安全依恋类型中的回避型约占20%、反抗型占10%～15%。心理学家认为，不安全依恋类型的儿童性格相对稳定，但是会随周围环境的变化而变化。

依恋类型对孩子一生的影响都是重大且深刻的。然而，依恋类型不是一成不变的，即使童年不完美，孩子长大后也有机会发展成安全依恋类型。

| 合理表达，真诚连接

为什么我们不提倡假装自己不生气，或者"憋吼"？因为我们不表达，孩子便不会明白自己和父母的想法如何的不一致，父母也不能向孩子示范合理处理情绪的方法。学会合理表达，吼到点子上，才能真正地培养出好孩子。

发脾气也好，哭闹也好，都是常见的孩子表达与发泄的途径，父母对此不用过度反应和担心。我们除了要保持平和，接纳孩子的情绪，还要学会正确地与孩子沟通、连接的方法，和孩子真诚地相处。让我们产生负面情绪的事情，我们也要说出来，同时教会孩子如何应对自己的不愉快。只有父母懂得合理地表达自己的情绪，孩子才能从我们身上学会如何管理他们的负面情绪。

以下三步可以帮助父母学会合理地表达自己，真诚地与孩子建立连接：

暂时离开

当我们忍不住想对孩子大吼大叫时，可以先离开现场。

呼吸调整

闭上眼睛，深呼吸，通过呼吸让自己冷静下来后，再思考如何解决问题。

问自己四个问题

（1）我为什么生气？

（2）大吼大叫能否解决问题？

（3）如果大吼大叫不能解决问题，我应该选择什么方法去解决？

（4）怎样让孩子理解我的想法和要求？

"乱吼"伤娃，"会吼"才能帮助我们合理地表达自己，真诚地和孩子建立连接，从而一起面对问题。逃避、掩盖，是为了假和谐而不沟通，这会造成更大的隐患。

03 / 解决问题，而不是解决孩子

| 呵护孩子的安全感

"积极暂停"是很多父母都知道的冷静原则，但盲目粗暴地使用往往会过犹不及而变成"冷暴力"，严重影响孩子安全感的建立。

婴儿在出生后就知道用哭声来表达各种需求，比如尿了、饿了、生病了，这是一种生存的本能。随着心智的发展，除了哭，他会逐渐使用语言以及非语言的表情、肢体动作等表达自己的需求。不

过，对于低龄的孩子而言，由于语言表达能力尚不完善，还是会本能地通过哭闹来表达自己的需求，这是很自然的事情。再说，哭是人类发泄生气、痛苦等情绪的基本方式之一，成人如此，孩子也不例外。

孩子哭闹时，我们可以先抱抱孩子。对孩子来说，一个拥抱满足的不只是"皮肤饥饿"，更满足了"情感饥饿"。拥抱，是父母用肢体语言告诉孩子："我在，我陪你，我爱你。"

| 化解孩子情绪危机的"五步法"

其实，当孩子发脾气甚至哭闹时，父母要做的很简单，那就是淡定接纳孩子的一切表现，孩子越闹，父母越冷静，可以抱抱孩子，轻抚后背，同时可以尝试化解孩子情绪危机的"五步法"：

积极暂停

让孩子停下来，不能砸东西、打人，直接告诉他这是不对的，会把妈妈弄痛。但不要给孩子贴标签，比如"不讲道理""太不懂事了""没有礼貌"。

共情

让孩子感受到我们和他"在一起"，比如，"你现在是不是很生气？妈妈理解你，因为你想要的玩具没有得到。无论如何，妈妈都会陪着你"。这时不用着急解释我们的理由，孩子的情绪没有平息，我们越解释越刺激孩子。此处的共情，不是为了让孩子停止哭闹的"哄骗"或"演戏"，而是我们不着急打断孩子的情绪，真正允许他表达和发泄。

允许

让孩子用安全的方式发泄，比如，"如果你还是很生气，可以尝试打枕头、撕报纸，或者把'我很生气'画出来，对着天空喊出你的愤怒，这样你就会觉得好多了，爸爸生气时也经常用这个办法"。同时，把这些可供发泄的材料递到孩子手里，甚至不妨做一些示范。总之，发泄的基本原则是"不伤身、不伤财"（既包括自己的，也包括他人的"身"和"财"）。

复盘

告诉孩子"不"的理由，比如，"因为今天我们决定了不再买零食，购物清单上没有这一项，所以这次不能给你买。但是我们可以考虑一下，下一次把零食加进去"。一定要认真耐心地告诉孩子具体的理由，不能不回应、不处理，否则孩子仍旧会心存不满甚至留下心结。

重复

帮孩子积累处理不良情绪的成功经验，比如，"妈妈，姐姐生日，她有那么多礼物，我却一个也没有，太不公平了，我真的很生气"。帮孩子理解事情的逻辑和规则，让孩子因为"事情"而不是"心情"支配自己的行为。只要孩子积累几次处理崩溃状态的经验，就会知道"我可以，我能做到"。

| 重复，重复，再重复

面对孩子的需求，父母能满足的可以尽量满足，不能满足的一定要坚持原则。比如，孩子不合理甚至危险的要求，父母决不能答应。千万不能孩子一哭闹，父母就妥协，一旦孩子发现这个套路好用，就会把哭闹当作"武器"，持续要挟父母，形成恶性循环。

需要注意的是，对于那些情绪敏感度高、天生激烈偏执的孩子，上面的五个方法通常可能需要重复几次甚至多次，孩子才能安静下来，慢慢适应，逐渐改善。这就像一场艰苦的拉锯战，需要父母有足够的耐心，向自己和孩子传达"我们可以一起解决问题"，而不是和问题一起解决孩子。

只要父母用全部的爱、深深的接纳、持续的协助对待孩子，就能形成亲子关系的良性循环。慢慢地，孩子就会明白父母的底线，懂得表达，学会合作，与自己、与父母、与世界更好地相处。

家庭现场

"五步法"化解情绪危机

小千生日,家里来了很多小朋友,他们送给小千很多礼物。小万发现自己竟然没有一份礼物,瞬间崩溃,又哭又叫,还开始打我。当时家里有很多人,我非常尴尬难堪,但还是想帮助孩子一起处理这个难题。

积极暂停。觉察到小万的情绪影响了别人,甚至也绑架了我,我立刻把小万抱到卧室。

共情。我坐在小万身旁抱着他,让他倾诉自己的不满:"我没有礼物,不公平,再也不要给别人过生日了!"

允许。小万就这么边哭边说,几分钟后,他看我一直陪着他,就不哭了,拉着我的手一起回到客厅。

复盘。小朋友们离开后,小万的情绪也稳定了,我和他一起回顾这件事情,帮助他理解每个人过生日的意义。

重复。之后小万遇到类似的情绪崩溃事件,我都会提醒他想想这次的经历,帮助他找到处理情绪的好方法。

现在他会说:"我可不要那么生气了,浪费了自己好多时间,我可以找妈妈聊聊!"

别怕丢人,你不激动,才能帮助孩子解决问题。

第3天

第4天

从"坏脾气"到"好性格"

第3天
ⓘ "坏"孩子从何而来

很多父母都有这样的感受，孩子身上总是充满了各种各样的缺点。所以，当孩子的"坏"呈现出来时，我们都想用最快的速度"灭火"，把问题扼杀在萌芽阶段。

甚至，我们对自己的孩子充满了失望和忧虑，担心他现在展现出来的那些问题行为和负面情绪，恶性循环下去，会变成更大的问题。

有位心理学家开玩笑说："作为一名心理咨询师，同时又是一位妈妈，我最大的担心是自己是否会培养出罪犯。"当然，不是每个孩子都会成为罪犯，然而关心则乱，当我们把太多的关注和期待放在孩子身上，就容易过度忧虑：孩子身上的那些一点一滴的坏、一丝一毫的不靠谱、一丁一点的小毛病，未来会怎样发展？

这让人想到了关于童年的"深井效应"。"深井效应"这个词来自1854年伦敦的一场霍乱，当时，所有人都相信霍乱是通过空气传播的"瘴气理论"，一位医生却发现，高死亡率区域围绕着一口井，这口井才是霍乱的源头。因此"深井效应"指的是在许多疾病表象的背后，还暗藏着更深层的原因。要想解决现在成年人身体上和心理上的许多问题，最好的办法就是找到这口"井"。或许这口"井"就是被很多人忽视了的童年不良经历。

01 / 每个孩子的童年，都充满了"坏"

父母往往不理解孩子的叛逆、懒惰、自私等各种各样的"坏"，为什么会如此频繁地出现。其实，随着父母情绪的起伏，父母评价孩子对错、好坏的标准也一直在变化。不过，总体来看，孩子之所以常常让父母失望，恰恰因为他是个正常的孩子。事实上，孩子的大脑结构、能力水平、家庭环境，以及孩子的自身特质，都会影响到他的各种行为。

｜大脑结构

3岁孩子的脑重已接近成人脑重水平，但是他的大脑前额叶负责情绪发展的部分，要到18～25岁才能发展平衡。因此，低龄儿童、青少年甚至刚步入社会的大学生，总是会情绪化。很多父母也会有情绪化的时刻。如果你的孩子有情绪化的表现，遇到一点儿小事就撒泼打滚，开始哭闹，请一定记住，那不是他的毛病，也不是他太极端，而是他的正常情绪反应。

也许你会反驳说："很多特殊儿童诊断里有这样的状态：孩子容易大吼大叫、行为极端甚至有攻击性。我的孩子是不是也有自闭症、多动症、发育障碍等各种各样的症状呢？"我的建议是父母不要盲目地用某些测评或标准给孩子贴标签，而是应该去思考：平时孩子情绪稳定时，能否跟大人很好地交流。如果孩子在大部分时间里都能明事理，只是偶尔不顺心或者疲惫时才开始不配合、闹脾气，那么他明显是个正常的有感知能力的孩子。

大多数孩子，甚至有的成功人士的孩童时期，也都是情绪化、懒惰、自私、任性的。这样的孩子，才是一个真实的孩子，这也是他成长的必经阶段。我们难道一生下来就像今天一样，是个"世故沉稳"的大人吗？孩子的情绪状态，和孩子高度活跃的大脑神经元有关，也和孩子没有发育好的情绪脑有关。如果你觉得自己的孩子很"坏"，无论是他不停地扔东西，还是他对客人没有礼貌，抑或是他面对作业拖拉磨蹭，我想告诉你："恭喜你，你有一个正常的、健康的孩子。这个孩子，特别好！"

| 能力水平

孩子的"坏"和他的能力水平也有关系。很多父母说："我给孩子的全部是无条件的爱和自由，在生活中也非常尊重他。"有位心理学家调侃，再民主的父母，一天下来也会对孩子有200次的批评、指责、拒绝和忽视。假设你和孩子角色互换，你的个子很小，能力有限，你的父母每天跟你说着"早点儿睡""多吃点儿""赶紧写作业""马上出门了""怎么什么东西都往嘴里放"等，你会不会崩溃？

我们可以回想一下，每天对孩子说了多少次"不"，说了多少次"听"。如果你不能理解孩子的能力水平是被压制的，那么可以假设你是一个刚就业的大学生，公司里每个人都比你能力强、权位高，你能感到自由平等吗？显然不能。

因此，孩子表现的这些"坏"，攻击、沮丧、叛逆、偷懒，很可能跟他的能力水平受限有关。与其说我们给孩子的全部是无条件的爱、自由和尊重，不如说我们一直在压抑和限制孩子。能力水平受限是孩子在童年时期必须经历的事情，也是父母需要突破自我、给予孩子支持的地方。

家庭环境

家庭环境是"坏"的土壤。我们会发现，我们无意识地用着父母错爱我们的方式，错爱着自己的孩子。小时候，父母很忙，他们会在我们的脖子上挂根绳子，穿上家门的钥匙。放学后，我们独自回家，完成作业。父母给了我们太多的忽视、拒绝，甚至用"我是为你好"的方式压抑、限制我们。长大后，我们逐渐理解了父母，他们忙碌着，努力用有限的经济条件抚养我们。当我们成为父母后，面对过多的压力，我们的负面情绪也都堆到了家里。回想一下，每天下班回到家，我们展现出的第一个表情是微笑，还是皱眉？在家里，我们又会因为这样或那样的原因，产生各种各样的纠结。当负面情绪不停地被传染时，就像一场情绪感冒，每个人都会越来越压抑和消极。

如果你觉得孩子最近情绪压力很大，那么请认真想一想，是不是在家庭环境的系统里，情感流动的通道卡住了，而孩子自然而然地成为最弱小的一环,最终背负了所有人的负面情绪。

我接触过一个二孩家庭,父母貌合神离,很少一起相处。家里有两个孩子,姐姐一直品学兼优,妹妹在成长的过程中却频频发生问题。尤其最近两次家庭争吵,只有十岁的妹妹已经学会了离家出走。这个离家出走的女孩在我的咨询室中说了一段让人惊讶的话:"当我生病的时候,当我离家出走的时候,这个家庭才会团结在一起,爸爸妈妈才会爱我。不然,爸爸妈妈根本不愿意管我,姐姐那么优秀,她忙着自己学习上的事情,也没有空陪我。"

孩子的语言是一回事,父母的行为又是另外一回事。父母总在想怎样减少孩子的问题行为,怎样让孩子更加优秀,然而在家庭系统中,作为最弱小的一环,孩子也在观察着父母。他会通过自己的问题行为,或是反复生病,或是学习、生活上的困扰,求得关注,重新平衡家庭。

父母关注孩子,孩子关注家庭。孩子会主动向父母寻求关注,寻求情感,会在家庭里陪伴、依赖、偏袒弱势的一方。比如,在一个充满暴力的家庭里,爸爸经常打妈妈,孩子就会跟妈妈团结在一起,他天然地认为应该去帮助弱势的一方。孩子也在充当着父母的精神伴侣,不由自主地站队,微妙地平衡着爱的砝码。

家庭环境是动态的,每个新阶段都有新的流动。无论是宝宝的出生,还是老人的离去,抑或某一家庭成员突然变得忙碌,各种各样的事情都会引发孩子情绪和行为上的变化。孩子的问题也在家庭系统中以一分子的方式动态变化着。

我们种下一棵树苗，如果它长得不好，我们会思考是不是最近光照不好，施肥不够，水浇得少，并不会纠结树苗有什么问题。然而谈到孩子，很多家长却总在说这个孩子不行，同样都是孩子，怎么差别这么大。其实答案都在家庭环境里，我们培养孩子的家庭土壤是贫瘠还是肥沃，都会映照在孩子身上。

| 自身特质

孩子的行为还与他自身的特质密切相关，他的年龄阶段、气质类型、成长经历都与他展现出来的好坏行为息息相关。

谈到这个话题，我必须提醒父母先了解孩子的大脑结构。孩子的左半脑像唐僧，做事有板有眼，遣词、造句、运算、思考，还可以保持相对稳定的情绪。而孩子的右半脑像孙悟空，天生叛逆冲动，能够帮助孩子迅速地做出决策，还能欣赏音乐等艺术，同时又难以集中精力，容易冲动任性。因此，对一个情绪化的孩子来说，他的左半脑显然比右半脑小。

根据希波克拉底的气质类型学说，我们可以把四种气质类型的孩子与《西游记》里的师徒四人做类比：抑郁质思想家，唐僧；

多血质梦想家,孙悟空;胆汁质社交家,猪八戒;黏液质实干家,沙僧。大多数情况下,孩子身上并非只呈现一类气质,而是两类甚至两类以上。

抑郁质思想家　唐僧

多血质梦想家　孙悟空

胆汁质社交家　猪八戒

黏液质实干家　沙僧

图6　四种气质类型

父母可以相应地了解一下孩子的气质类型,也可以了解一下自己的气质类型。如果父母是沙僧一样的实干家(安静内敛、埋头苦干),当他们遇到的孩子是孙悟空一样的梦想家(冲动任性、顽皮叛逆)时,那么很可能会产生冲突。如果父母是唐僧一样的思想家(心思细腻、优柔寡断),当他们遇到的孩子跟他们一样细腻,甚至有些深刻,那么他们一定非常开心:我的孩子果然随我。

一个浅显的道理,如果父母跟孩子的气质类型、人格结构比较一致,那么亲子之间的冲突就少;如果父母跟孩子的气质类型、人格结构不同，父母能够很好地接纳孩子，那么亲子之间也会很和谐；只有当父母跟孩子的气质类型、人格结构不同，父母又很反感孩子的状态时，亲子之间的冲突才会越来越多。

事实上，气质类型并无好坏之分。当父母明白我们和孩子只是类型不同时，才能更好地接纳孩子，进一步理解孩子所展现出来的"坏"行为到底是因为什么。

02 / 乖孩子和"坏"孩子是孪生子

说到乖孩子和"坏"孩子，我总是喜欢说他们是一对孪生子，相生相伴。我经常跟家人这么说："随着孩子渐渐变多，我发现一个很残酷的真相：养育，没有完美的时候。"比如，外向的孩子，你嫌他不专注；内向的孩子，你嫌他表达能力差；活泼的孩子，你嫌他不老实；顺从的孩子，你又担心他长大以后没主见。孩子的创造力、自驱力、专注力等都是父母在养育的过程中非常在意的能力，但是父母往往忽略了一个事实：创造力和破坏力是相生相伴的。

外向与内向，可能会在一个孩子身上同时出现；乖巧的孩子，可能会有怯懦的一面；自驱的孩子，可能会以自我为中心；对于专注的孩子来说，较高的专注力水平可能让他玩得更多、玩得更野。所以，懒惰、顽皮、叛逆真的不意味着他是个"坏"孩子。

有父母问道："晴天妈妈，创造力和破坏力怎么会是孪生子呢？这两个词一个积极、一个消极，明明不同。"

我来谈谈我的经验：我们家的小孩特别喜欢做手工，他们在家里经常能找到很多不错的玩法。有一次，他们在玩剪纸时，特别安静，我感到很惊讶，从隔壁房间跑过来一看，他们拿着剪刀把窗帘、床围全都剪碎了。那会儿他们玩得正开心，说："妈妈，你快看，我们做了一个观察镜。"原来他们把剪出来的洞当作窥探的镜片，就像潜水艇向外望去的镜头一样，这是他们做实验的观察镜。我当时内心一片混乱。其实，很多时候都是如此，孩子的创造力、想象力往往建立在很多的"创造性破坏"之上，99次的添乱行为之后，可能会有一次创造性举动。

还有父母问道："晴天妈妈，你们家的小孩特别乖巧，居然帮忙做了那么多家务。他们的动手能力、自理能力是不是很强？"

其实真相是，他们每次刷完碗之后我都得再刷一遍，因为他们根本刷不干净。但是，正是他们一次次地参与，我反反复复地收拾，最终让他们掌握了刷碗的技能。不过，这也带来了其他问题：他们今天刷了碗，明天就想刷锅，后天就想刷抽油烟机。当他们在挑战和尝试中找到乐趣时，他们的活动范围和破坏边界同样也扩大了。

如此这般，父母往往可以在孩子的问题行为中看到孩子的优点，也在优点中看到了可能带来的问题。就像旅行，新奇的旅行意味着各种各样的不确定性，当然也有各种各样的可能性。孩子的问题行为中藏着答案，每个问题行为可能也是机会。

下一次，当你发现孩子制造的烂摊子时，请提醒自己，他的创造力可能很好；当孩子躲在你的身后时，请提醒自己，他很敏感，或许会是一个很有天分的作家；当孩子特别任性、自私时，请提醒自己，他很有主见，自我发展得非常好；当孩子玩得停不下来时，请提醒自己，以后遇到了他喜欢的事情，他会非常专注。

你看，乖孩子和"坏"孩子不仅是孪生子，而且如果你真正理解了孩子的缺点，还可以帮助他将缺点发展成优点。

03 / 压力，让孩子"脑残""心残""身更残"

童年真不是无忧无虑的，孩子也有很多压力。无论是生活中的困难，还是学业上的挫败，抑或是与人交往中的障碍，都会让孩子面临各种各样的麻烦。

然而，父母总说孩子是天真烂漫的，哪儿有什么压力。假如孩子也像父母一样高高在上，我们一进门，孩子就问：

"妈妈，今天绩效考核完成了吗？"

"你和同事相处愉快吗？"

"你怎么还不去考MBA？我真是很丢人。"

"单位食堂的饭好吃吗？"

"领导表扬你了吗？"

"今年拿到年终奖了吗？隔壁小美妈妈拿到了20万元。"

"爸爸，你什么时候涨工资？"

"你应该多看一些书，提升工作能力。"

图7 假如孩子这样对待父母

当孩子用我们对待他的方式对待我们时，我们就能感受到他所面临的压力，况且他心智不成熟、能力达不到、财务不自由。当我们不停地用自己的评价标准跟孩子沟通时，他会压力过大，这会直接影响孩子的大脑发育。研究发现，如果家庭里充斥着控制、暴力、冷嘲热讽，那么真的会影响孩子的智力水平。所以，骂大的孩子会变傻。这是第一种压力后果，"脑残"。

第二种压力后果是"心残"。童年被父母过度填充的孩子，往往神情呆滞，学习效率低下，甚至有情绪和心理问题。现在很多小学生睡眠时间不够，就和孩子压力过大、时间被过度挤压有关。

随之而来的第三种压力后果，就是"身残"。孩子的"黄金12小时"很重要，对于小学阶段的孩子，每天睡眠九个小时是一定不能少的，自由活动的户外两个小时也是不能少的。孩子的视力、大脑发育、认知水平、运动能力，甚至未来的阅读和数学能力，都是可以通过两个小时的户外运动来提高的。此外，孩子自由玩耍的一个小时最好也能保证。如果孩子的"黄金12小时"安排得很好，那么他的压力水平是可控的，身心也是健康的，更容易在未来的学习和工作中表现优秀。

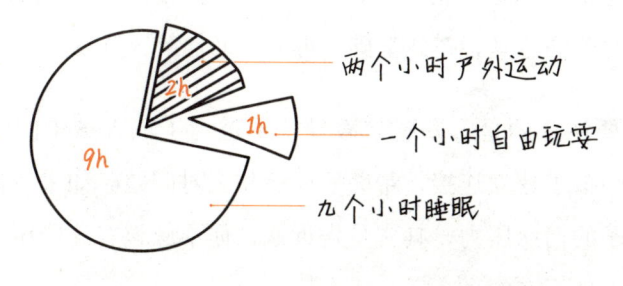

图8 "黄金12小时"

自我调节的五大领域

P.E.T.亲子沟通模式的创建者托马斯·戈登博士认为，"不乖"是父母的语言，与父母看待子女的传统方式密切相关。当孩子的行为和父母的期待相违背时，父母就会说孩子"不乖"。很多时候，孩子不是不乖，而是此刻他"过载"了。自我调节的五大领域，是很好的参照。

在成长的过程中，孩子有自己的**生物域**。生物域包括消耗并储存能量的各种生理过程和神经系统。这个阶段，父母需要满足孩子基本的生理需求，并且和他亲密相处。生物域的压力来源很多，比如营养缺失、睡眠不足或缺少锻炼，还有听觉、视觉、触觉、嗅觉以及其他形式的不良刺激，等等。

然后是孩子的**情绪域**。例如，当孩子感到挫败时，父母需要切实地安慰他，与他共情，让他明白，我们知道发生了什么事情，也理解他此刻的感受，在此基础上再去帮助他解决问题。

一定要注意的是，安慰与教导，不是为了消灭孩子的情绪感受，而是与孩子建立连接，帮助他理解和应对问题。如果我们粗暴地否定孩子的情绪压力，其实是告诉他，你不应该有这些压力。然而压力是无处不在的。

接下来是**认知域**。通常，有认知压力的孩子往往在生物域和情绪域也同样有压力。如果孩子注意力不易集中、自我意识缺失、不会应对挫折等，父母就可以帮助他获得更多的能量以处理这些认知任务，比如，可以让孩子在遇到困难时深呼吸，逐渐恢复冷静。

此外是**社会域**。社会域涉及孩子是否有能力通过调节行为和思考方式适应社会情境，包括理解社交规则和学会人际关系技巧等。如果孩子感到难以建立或维持友谊、参与小组活动或讨论时有困难、难以理解社交暗示等，那么他存在一定程度的社会压力。

最后是**共情和亲社会域**。共情和亲社会域包括孩子是否愿意参与集体活动，是否具有社会责任感、顾全大局等，以及审美、人文和智力等方面的发展水平。这方面的压力表现为：不得不处理他人的强烈情绪、被要求优先考虑他人的需要、个人和同伴之间的价值观存在冲突等。

| 自我调节的五大建议

如果你发现你的孩子已经在这些领域表现出了压力反应，那么可以尝试跟孩子一起做自我调节。

首先是**学会识别孩子的压力信号**。比如，当孩子莫名其妙地尖叫时，可能是因为他的听觉过于敏感，某些噪声让他感到恐惧，如果换一个安静的环境，他的情绪马上平复了。还有一些孩子视觉很敏感，看到血腥暴力的图片会焦虑恐慌。也有的孩子怕黑，陌生的环境会让他产生不安全感。那么，这些迹象是需要我们重新定义的。这些时候，孩子的叛逆行为，很可能不是他要跟你对着干，而是他产生了压力。因此，父母学会识别压力信号非常重要。

其次是**找到压力源**。当我们观察并识别出孩子的压力迹象后，就要找到它的源头，看看到底是什么让孩子产生了情绪压力。

接下来就是**减少孩子的压力**。例如，批评孩子时，我们可以使用"三明治沟通法"：妈妈觉得最近你进步得特别快，如果这个地方做得再认真一些，那就更加完美了。此时，孩子就可以在有效的鼓励中更好地听取建议。

同时**父母也要进行反思**。我们需要思考什么时候自己容易处于压力较大的状态，是没有休息好，还是临时需要加班？当我们能识别自己承受的压力时，我们就能明白与孩子发生冲突的原因在哪里了。

最后是**做出反应**。主动尝试什么事情可以帮助我们平静、放松，甚至恢复体力。很多时候，我们跟孩子发生冲突不是因为孩子做错了什么，而是因为我们绷得太紧了。

想象一下，今天你升职加薪了，又有同事送给你一件你很喜欢的礼物，此时你回到家非常开心，孩子作业没完成或者阿姨炒菜太咸了，你也觉得无所谓。但是，如果今天你下班时被临时安排加班，下班回家的路上又遇上堵车，停车时不小心还把自己的车蹭了，那么，当你打开家门，即使看到孩子在看书，你也可能会说："怎么搞的？跟你说过100遍了就是不听，怎么就坐不直呢？你不怕眼瞎呀？"

显而易见，此时我们对孩子的评判标准早就失去了公正，变成自己情绪的宣泄。当我们能够找到可以帮助自己平静、放松和恢复体力的方式时，例如健身、听音乐、看剧等，我们也可以更好地帮助孩子找到他用来自我调节和成长的方法。

| 和孩子一起应对压力

对父母来说，我们习惯用对错、好坏这样的标准来评价孩子。但对孩子来说，他的大脑正在高速发育中，而其中管理情绪的脑区尚未发育成熟，他们需要的是我们的支持，而不是我们的批评。那么，父母就要学会理解孩子的压力。孩子此刻的"坏"行为，是因为他真的不明白规则，还是因为他压力过大？当我们能够找到孩子的情绪按钮，发现他的压力源，并帮助他缓解压力时，他才有可能在我们的支持下重新"回归"。孩子没有那么坏，他只是压力大，需要我们和他一起了解与应对这些压力，才能帮助他实现心、脑、身健康发展。

家庭现场
情绪同步

我每天晚上都要进行直播和讲授课程,很多读者很好奇,三个孩子的我晚上是怎么工作的。

其实很简单:情绪同步。

我们家的三个孩子都是 20:30 左右入睡。

我 21:00 之后开始晚上的工作。

每天晚上入睡闹钟一响,孩子们就知道"我们要睡觉,妈妈要工作"。

所以,我只需要提前告诉他们我的需求,发出合作邀请,让孩子们知道我真实的情绪和期待,配合我一起实现。

他们也理解妈妈的时间安排,知道该怎么和我合作。

孩子对情绪的兴趣和理解,会在与父母的情绪互动中进一步发展。父母主动和孩子谈论情绪,帮助他了解情绪,和他保持情绪同步,也会提升孩子的表达能力和理解能力。

第3天

第4天

从"坏脾气"
到"好性格"

第 4 天
ⓘ 管好情绪"小怪兽"

高情商可以理解为社会情绪能力的密码，孩子一旦解开了自己社会情绪能力的密码，就可以调动足够的心智资源、情绪和社交力量，更投入、更有创造性地享受自己的成就，把爱好变成擅长，把擅长变成心流。

这种状态不是"房奴"承受的压力，而是自我成长带来的享受和乐趣，乐在其中、水到渠成。喜欢的事投入做，投入的事做成功。一个能自我认识、自我表达、处理和调动情绪资源、积极解决问题的孩子，在学业和成长中会具备更多的可能性。

这不仅关系到孩子应对压力、面对挑战、团队协作的表现，更能帮助孩子遇强则强、迎难而上，而不是畏首畏尾，在困难面前当逃兵。这样的自信心、自我效能感，也是为孩子日后持续学习、成长储备能量。

01 / 情商对孩子有多重要

| 情商误区

高情商不只是会好好说话而已，高情商更核心的内容是既能让别人舒服，也能不委屈自己。

很多父母有两个情商误区：

- 高情商就是会交际
- 高情商就是让别人舒服

图 9　两个情商误区

恰恰相反，高情商并不是委屈自己取悦别人，而是自我舒展也不让别人难堪，同时也是孩子自我发展、情感表达、关系处理的关键。

| 情商的五个能力

丹尼尔·戈尔曼认为，一个人的成功，智商的作用只占20%，80%是其他因素的作用，其中情商占很大一部分。他把情商概括为五个方面的能力：

🏷 认识自身情绪的能力
🏷 妥善管理情绪的能力
🏷 自我激励的能力
🏷 认识他人情绪的能力
🏷 人际关系的管理能力

图10　五个情商能力

我把这五个能力简单归纳为认识自己、管理自己、激励自己、认识别人、管理别人。认识和管理自己包括对自己情绪的感知、管理，对自己能力的评估，以及发现自己什么时候需要帮助。激励自己就是发掘自己做事的动力，即实现自我目标的内驱力。这三个能力与自己的内心情感相关，而第四个、第五个能力则与他人的情感相关。读懂别人的情感并恰当地予以回应，是处理各种关系时最重要的能力，包括与朋友、家人、爱人、陌生人等之间的关系，甚至包括与社会文化、自然环境的关系。

| 高情商助力幸福人生

情商是一个人感知幸福且获得成功的根本，哈佛大学的实验表明，人不是因为成功而幸福，恰恰是因为幸福而成功。它是孩子具备强大竞争力的关键，能助推孩子一生的成长。

社交，需要在冲突中学会合作，在情绪中学会表达，在混乱中探索规则，在竞争中找到优势。因此，社交是自我成长和探索世界的"源头"。大事变小事，小事找本质。沟通的目的是通达，不是阻塞，处理冲突才是最好的"情商实战课"。为人父母也是养育"合伙人"，应抓住冲突处理这个最好的情商教育机会。

比起实现宏伟的目标，孩子获得好成绩是父母当下的期望，然而孩子更需要具备面对未来挑战的能力。在"最近发展区"踮着脚就够得着，才能持续成长。未来更看重的是创新思维、独立性和主动性。除了看得见的分数，情商等综合能力也能帮孩子赢在未来。

02 / 高情商是练出来的

| 你是什么样的父母

哈佛大学儿童教育研究表明，比起父母为孩子做了什么，父母是什么样的人更能深刻地影响孩子。我们常说需要和孩子换位思考，那么就让我们从孩子的视角看看所谓不好的亲子互动模式究竟是怎样的。

情境一

假设你自己是一个一两个月大的婴儿，每天都会在凌晨两三点醒来，因为肚子饿了，便开始啼哭。这时，你的妈妈温柔地抱起你给你喂奶，你心满意足地吸吮妈妈的乳汁。妈妈很耐心地和你交流，虽然她因为照顾你而睡眠不足，声音听起来很疲惫，但她还是告诉你，她很爱你。你因为得到了母爱而满足，继续入睡。

情境二

假设你自己是一个一两个月大的婴儿，每天都会在凌晨两三点醒来，因为肚子饿了，便开始啼哭。这时，你的妈妈很不耐烦地抱起你给你喂奶，抱怨你半夜扰乱了她的睡眠。在你吃奶时，她并没有深情地看着你，而是冷漠地生着闷气，想着养育孩子的辛苦，结果越想越生气。你感受到了妈妈的烦躁、冷漠和愤怒，开始啼哭并拒绝吃奶。妈妈干脆不喂了，也没有耐心哄你入睡，而是任由你哭累了自己入睡。

如果父母长期用某种特定的模式对待孩子，到了一定的程度，父母的基本情绪就会复制到孩子身上。

情绪共育的四个原则

早期教育是孩子生命最初阶段发展、刺激、教育的总和，并不能粗略地用"给钱养娃"来概括。孩子的安全感、胜任力、未来的成长都基于此。早教的本质，便是在孩子整个发育过程中，父母或其他养育人在语言、动作、认知、社交等领域对孩子的教育。不缺席，高质量地陪伴，这些父母和孩子互动的全过程，就是早期教育的核心。

那么，如何做到高质量地陪伴呢？

心理陪伴比物理空间陪伴更重要

父母真正和孩子在一起，愿意观察、了解、感受他的情绪，比单纯陪在他的身边更重要。即使不在身边，亲密和陪伴的日常也会给孩子埋下幸福的种子。

陪伴质量的高低比陪伴时间的长短更重要

彼此感受陪伴的乐趣，分享在一起的快乐，有利于建立良好的亲子关系。

双向陪伴

孩子也可以陪伴父母，甚至可以和父母一起做很多彼此都很享受的游戏。

玩法养育

和孩子一起成长需要有足够的玩法。玩是孩子的语言，是孩子最好的成长和学习方式。父母可以通过玩游戏、玩阅读、玩艺术、玩音乐、玩诗词、玩运动、玩旅行、玩科技这八大玩法，和孩子一起在玩耍中化解育儿问题，在玩耍中管理情绪、升级亲子关系、培养孩子核心能力，和孩子一起在欢笑中合作与成长。

| 不怕夫妻吵架，就怕不会"好好吵架"

拥有完美婚姻绝对是大多数夫妻的理想，但是往往在甜蜜期过后就是漫长的冲突和合作期。出轨、婆媳关系、育儿分歧或者职业差异等，都很容易引发婚姻危机。无论什么形式的问题，比对错更重要的是夫妻双方能否在养育问题上合作，能否接纳彼此的不同。

夫妻吵架，其实是孩子最好的情商实战课。让孩子看到父母在遇到矛盾和分歧时是如何真实地表达情绪、提出需求、解决问题的。每次出现问题都是家庭成员沟通对话的契机，沟通对话不能只是宣泄不满，还应该让我们学会一起解决问题。

父母永远都有选择，但孩子只能被选择。希望世上的父母都能好好相爱，即使分开了也能好好相处。一段婚姻关系结束后，没有必要让孩子来疗愈大人，别让孩子背上"情感债务"。

| 情绪练习的三个要点

"共情关注"是最细微的一条

萨斯金德认为，父母需要有意识地观察孩子在关注什么，等时机成熟后，再和孩子一起谈论和面对它。也就是说，孩子关注什么，父母就关注什么。哪怕孩子太小听不懂父母的话，哪怕孩子在成长中的关注点会有变化，父母也应遵循这一条原则。父母及时对孩子的行为做出回应，孩子便能和父母"迅速同频"，在心理上获得更多的安全感，在成长中得到更多的指引。

"有限选择"

"有限选择"包含两个维度，第一个维度是指父母提供给孩子的选择必须符合孩子当时的需要，同时也尊重孩子的想法和意愿。父母发自内心地给孩子提供支持性的选择，不违背孩子的意愿，孩子才会不反抗。第二个维度是指边界感，孩子年龄越小，父母提供选择的界限就要越明确。

正向强化

教育家乌申斯基认为，良好的习惯像是一种有效的道德资本，你可以终身享受其利息，而不良的习惯则像是一笔偿还不清的债务，甚至可能让人破产。从不良行为到良好习惯，这中间需要家长做出很多正确的引导。培养习惯必须做加法，当孩子针对不良行为做出积极改变后，家长必须给予持续强化。

03 / 寻找学习中的乐趣

高情商的孩子学习表现更好

情绪力是孩子的底层能力。我在《让孩子受益一生的社会情商》一书中，系统地讲解了与孩子的情绪相关的科学知识，同名课程和训练营也帮助过很多家庭。

有关孩子的情绪，让很多父母感到困惑的是，学习与情绪怎么会有关系呢？学习不就是认真读书、专心写作业吗？怎么会和情绪有关系呢？万物皆有规律，人的大脑运转也是有规律的。如果孩子的情绪状态相对稳定甚至是积极的，那么积极的情绪脑就会带动智力脑。如果孩子身处压力、恐惧、忧伤的状态，那么他是不会理智思考的。有的孩子，在家庭环境发生重大变化后，比如父母婚变、搬家等，情绪受到影响，他的学习状态、成绩也会随之波动。可以说，孩子的学习表现是情绪状态的"照妖镜"。

其实，情绪力是孩子在学习过程中的一项底层能力。如果我们能让孩子保持相对稳定甚至积极的情绪状态，那么是非常有助于孩子学习的。游戏便是一个提升孩子成绩的好方法。

丹尼尔·戈尔曼在《情商》一书中指出，高情商对孩子的成绩有显著帮助。情绪状态和情商能力更好的孩子，在学习中的表现更优异，不仅会提高11%～17%的成绩，问题行为也会减少10%以上。高情商，确实能帮助孩子赢在未来。

| 你的情绪支持很重要

父母应该如何更好地给予孩子情绪支持呢？

首先，帮助孩子表达清楚自己的情绪感受和情绪状态。尤其是在前文提到的"重要过渡期"，面对这些比较大的应激事件，父母更要在仔细地观察孩子的状态后，再跟孩子交流。当孩子持续感受到被关注、被支持，更容易向我们敞开心扉，更容易变得积极乐观，也有余力向外界探索。

新闻报道中偶有类似极端的案例，考试成绩出来后，第二名的孩子把第一名的孩子伤害了。这不仅涉及孩子的抗挫能力，还涉及孩子的自我认识、自我价值感。父母需要跟孩子保持更多的连接，让孩子知道，无论他成绩是否优秀，都不影响父母爱他。当他没有巨大的情感包袱时，他才能变得更轻松。

一些"平时成绩很好，一到考试就垮掉"的孩子，往往心理压力很大："万一考不好，父母怎么看我？别人怎么看我？那该多么羞耻！"如果父母发自内心地认可和接纳孩子，给孩子更多元的评价、更多的情绪支持、更充足的弹性空间，那么孩子的心理资本一定会很丰厚。他会认为："不管考试成绩如何，只要我尽力了，父母永远都是欣赏我的。即使我失败了，也不影响他们对我的评价。"

其次，家庭教育比学校教育更基础，对孩子的影响也更深远。

如果孩子能持续感受到支持，保持乐观和兴趣，就会更容易进入心流状态，更容易"干什么都有劲儿"，更能把写作业或学习当作探索自我、发现未知、打开世界的其乐无穷的过程。

很多父母都喜欢用大师的故事激励孩子，如达·芬奇、毕加索、贝多芬等名人，他们之所以能够热爱并且全身心地投入自己的事业中，对工作有几十年如一日的激情，是因为他们享受自己创造的全过程。做自己喜欢的事情，给他们带来很多积极的体验，因此他们才会甘之如饴，越做越好。

如果父母在孩子学习的过程中，引导他发现自己在什么样的状态下学得更好，更喜欢哪个学科，哪个方面更有优势，那么孩子就能发挥自身优势，在挑战中持续获得心流体验。

此外，父母需要学会抓住每一个"转化时机"。比如，当孩子与老师产生矛盾时，父母可以当一个好的传话筒。我们小时候都玩过"打电话"的小游戏，在一根线的两头各穿着一个小空杯，这样就可以在几米之内传递悄悄话。在孩子遇到人际关系的困扰时，父母要做好那根疏导孩子与他人情感困扰的连接线。

在帮助孩子与老师沟通时，父母可以对老师说："孩子特别喜欢上您的课，虽然他觉得学习起来有些难度，但是他认为很有意义。"在这个过程中，父母帮助孩子向老师投射出尽可能多的积极情绪。老师的付出被家长和学生看到，他必然很满足："这孩子很喜欢我，我也越看他越觉得可爱。"

帮助孩子看到别人的付出，帮助别人接收孩子的肯定，孩子就可以顺利地摆脱情感困境。无论是帮助孩子处理家庭关系，还是处理外界的人际关系，这个方法都同样适用。

最后，父母还可以引导孩子在积极的情绪状态下，主动寻找学习中的乐趣，像玩游戏一样，及时地给予孩子反馈，点赞、拥抱、亲吻都可以尝试。允许孩子有更多的成长空间，这对培养孩子的成长型思维和良好学习状态是很有帮助的。如果孩子的情绪体验很好，能感受到持续付出带来的快乐和成长，那么他完全可以像沉迷游戏一样沉迷学习。父母需要重视亲子之间的情绪共育，用情绪的连接帮助孩子在学习和成长的道路上很好地"通关升级"。

延伸阅读
应对孩子的考前焦虑

每年6月,有孩子的家庭最大的焦虑都来自考试——"高考""中考""期末考"轮番轰炸热搜。

我在直播间提出6月是考试压力最大的一个月,很多妈妈纷纷发来弹幕说:"现在做梦还经常梦到交白卷、涂错答题卡、走错考场……"一谈到考试,别说现在花式"内卷"的孩子,就是我们,时隔多年还是心口一紧。

面对高考,有人超常发挥,瞄着更好的志愿;也有人遭遇"滑铁卢",愁容满面,不知是该复读一年明年再战,还是降低预期随便报考一所学校。

考场上那些发挥失常的孩子,或许经历了同样的困境:考试前的晚上辗转反侧、夜不能寐,迷迷糊糊到天亮。走入考场后,听到广播里的考前提示语、监考老师的脚步声、时钟的嘀嗒声,头脑空白、冷汗直流。

这该死的考前焦虑!每年心理咨询中心都有不少重度焦虑的备考考生前来报到,一家人都阴云密布。一个人的战争,全家人的情绪。

那么,该如何应对考前焦虑,帮助孩子避免考试发挥失常呢?

| 关键时刻掉链子，孩子是"笨"还是"压力大"

不说孩子，先聊聊我们这些曾经的孩子：你是否平日里和朋友相处谈笑自如、口若悬河，面对重要场合却往往口干舌燥、喉咙发紧？你是否私下已经流利顺畅、声情并茂地准备好了演讲，面对同事的目光时却大脑空白、磕磕巴巴？你是否在一场重要考试前已经超量训练、信心满满，当走进考场面对练习过无数次的试题时却毫无思路、宛若初见？

真窘迫，这是为什么呢？

是因为害怕别人批评、指责的目光，甚至来自家人的不接纳；是因为担心演讲得不完美，自己的表现会成为众人的笑谈；是因为恐惧一旦考试失败，自己多年的努力会付诸东流，梦想的学府变成泡影。

发现了吗？我们之所以总在关键时刻掉链子，是因为过分在意他人的评价，从而阻碍了自己的正常发挥。也就是说，焦虑着焦虑本身，让我们不能正常展示自己。

关键时刻掉链子，可不是因为孩子"笨"，而是孩子无法适应压力，没办法享受压力的积极作用，根源在于孩子没有针对性地进行心理训练、没有学习相应的调试办法。

︱和焦虑做朋友，负面情绪是宝藏

焦虑是最容易被人误解的情绪。虽然焦虑是一种让绝大多数人讨厌的情绪，但是正视它，接纳它，和它做朋友，你会发现它可以成为你的良师益友，你也能从中获益良多。

焦虑让人专注。心理学家发现，光是知道要考试，不管最终是不是真举行考试，学生的专注和记忆能力都会提高11%。因为人在焦虑时，更容易集中注意力，血液集中在大脑，思维更敏捷、更聚焦。

在考试或是其他的重要时刻，我们一定要珍惜和抓住焦虑的机会，因为此刻的你够焦虑、够紧张，所以你的专注力才能够强，考试的时候就更容易调动自己的心智资源。

焦虑的另一个好处，是理智。适度的焦虑会让你更加重视、更加小心、更加谨慎，进而权衡利弊、全盘考虑。

焦虑的最大意义，是生存。在原始社会中，如果我们的祖先在看到老虎时不会产生焦虑和恐惧，不知道逃跑，那么现在还有我们什么事？在疫情期间，如果我们不知道戴好口罩、做好防护，那么健康就会受到威胁。焦虑，意味着活下来，代表着生存和防御的原动力。

难以承受的焦虑，还会告诉你一些意义深远的东西：

（1）你为自己确定的目标是符合实际的吗？

（2）你希望更快、更好地完成一些事情，但是这符合事情发展的客观规律吗？

（3）你的完美主义倾向和强迫性观念超过你的心理、生理极限了吗？

（4）你需要做出哪些调整和改变呢？

正视焦虑，和焦虑做朋友，或许它会带给你意想不到的惊喜。

| 如何应对考前焦虑

显然，焦虑也是不自信、准备不充分的体现。应对考前焦虑，还是准备充分最靠谱。但考试在即，就是很焦虑怎么办？送给你几个小锦囊：

跟时间做朋友。时间对每个人都是公平的，充分利用考前时间，提前复习，做好考试计划，做好考前冲刺。考前一两天注意休息，劳逸结合，合理地安排时间，一定会帮你在考试时找到更好的状态。

跟自己的身体做朋友。考前由于情绪压力较大，睡眠很可能会受到影响。这是因为我们的身体进入了兴奋状态，大脑也是高度敏感的，所以需要适量运动，吃一些助眠的食物，如牛奶等。睡得好，记忆力才会更强。因此，千万不要考前不睡觉熬夜刷题，这样的临时抱佛脚毫无用处，还会影响考场上的发挥。

与难题和解。考场上一定要坚持"会的赶紧写，不会的赶紧过"的原则。此刻时间非常重要，不要跟你的卷子过不去，先把会的题写好不丢分，最后再处理不会的题。你会发现预期越低越淡定，何况你不会的难题、怪题，或许大家都不会。

睡前"超能力"。其实在睡前学的东西、记的东西，第二天醒来理解得会更清晰，记得也会更牢固。这特别符合记忆法则。所以，如果考前你没有充足的时间，那么睡前看一下笔记的重点，可以达到事半功倍的效果。

父母要端正心态，关心则乱，离孩子远一点儿。不要制造紧张气氛，不要攀比，不要额外再给孩子施加压力。还有那句该死的"千万别焦虑"，别念叨了，一点儿用都没有，甚至会暗示大脑紧张起来。多肯定，多鼓励，只要他努力了、尽力了就好。父母过度关注孩子的状态，不如了解一下升学政策、报考指南、未来教育规划。

第 5 天
第 6 天
探索家庭的
真相

第 5 天
ⓘ 与原生家庭和解

从小被持续忽视、打骂的孩子，更容易习惯极端的表达，更容易在社交过程中产生巨大冲突，安全感、自信心、胜任力更差，更不容易在学业和事业上有所成就。

往往这种创伤性的成长环境，还会被复制和传递。被原生家庭伤害的孩子，要么持续被害，要么持续害人。难道这种轮回不能被打破吗？

其实，谈论原生家庭的意义，不是沉溺过去，不是"刨祖坟"和"怪别人"，而是看到自己的来处和拥有的资源，专注当下与未来。如果仅仅停留于抱怨和指责，那就是推卸自己成长的责任。而人是可以利用一切机会实现自身的成长的。

01 / 原生家庭，是怎么影响一生的

原生家庭指的是一个人从出生、童年到成年所经历的家庭环境。家庭环境里有父母、兄弟姐妹、爷爷奶奶、外公外婆等。有的人可能不是由亲生父母抚养长大的，那么还会有养父母。原生家庭就是"来处"。

我们之所以成为我们，正因为我们总会遇到不同的人，经历不同的事，做出不同的选择，得到不同的反馈，然后我们才知道"原来是这样""原来该这么做"，而这种最初判断的形成，往往来源于我们的童年。著名心理学家荣格认为，一个人毕其一生的努力都是在整合他童年时期就已形成的性格。

我们无法选择自己的来处，无法选择父母。而且让人失望的是，

父母往往不知道自己的一些坏习惯让孩子承受了多少伤害。有的人胆小自卑、不善交际，那么父母对他的教育方式往往是批评打压式的；有的人性格懦弱、害怕冲突，那么他很可能有一个极不和谐的家庭；有的人狂妄自大、唯我独尊，那么他往往有着放纵溺爱他的父母。

一位妈妈曾向我咨询养育问题，她说："我的家里有两个孩子，他们总是不按照我的想法做事。我自己从小被父母灌输女儿终究要出嫁，儿子才可以防老，因此我也觉得女儿不需要学太多东西，对女儿很宽松，对儿子就特别严格，骂过，打过，恐吓过，可就是没用！"

听完她的倾诉，我十分震惊。为什么女儿应该被忽视？为什么一定要用打骂的方式教育孩子？这位妈妈的描述让人深思。

没有人的童年是完美的，成长必然会给我们留下各种各样的影响。但是看到自己原生家庭的局限，反观自己做父母的过程，持续成长，一定能找到答案。

和原生家庭相对的是"新生家庭"，即我们的"现在"。新生家庭是成年以后你和你的伴侣或者你和你的孩子所组成的家庭。

心理学家弗里曼认为，人们从家庭的经历中，不可能没有情感未了的需要。也就是说，没有绝对完美的原生家庭，原生家庭的不足将成为一个人后续人生的索求和追逐。

原生家庭可以作为一种对父母的警示，但不能成为一些人为自己推脱责任的挡箭牌。它是一面镜子，可以映照出优劣；但还不足以成为一把尺子，用以衡量一切。

02 / 疗愈原生家庭带来的伤害

| 聊原生家庭，真的有必要吗

看到来路，才能理解去路。聊原生家庭，不是为了"刨祖坟"和"怪别人"，而是为了全然地对自我负责。或许成长的历程里带着伤痛，即使没有外力，内在的瘢痕也已经让人心充满了苦楚。看到、接纳、和解、放下，才知道过去的让它过去，未来的靠自己赢得。

"父母已经给了我他们能力范围内最好的爱。"

"父母是凡人，他们也会做错。"

"我还可以有自己的选择。"

全面地看待过往，可以帮助我们理解哪些是别人的问题，哪些是自己的困惑。不为别人的问题继续买单，也不在自己的苦海里持续沉沦。看到背后的故事，看到一个人的经历，对于每个成人来说，是理解生命；对于每个家长来说，是理解孩子。

一切过往，皆为序章。活出快乐，从为自己完全负责开始。

| 自我超越

我很喜欢治愈系心理学大师阿德勒主张的"自我超越理论"。有创伤怎么了？终于找到原因，然后继续自怨自艾？不！当然是战胜它，然后昂首阔步，继续前行，活出自己，超越局限。

阿德勒独特的研究深刻揭示了"情绪与爱的秘密"。他塑造的人性图像并非将人视作本能和冲突的受害者，也并非由生物因素和童年经验注定。阿德勒将自己的研究取向称为"个体心理学"，因为它主要关注个体的独特性，不赞成弗洛伊德将人性归因于普遍的生物性动机和目标。

阿德勒认为，人主要是一种社会存在，人格由我们独特的环境和社会互动所塑造，而非我们为满足生理需求所做出的努力。他认为意识才是人格的核心，而非潜意识，我们主动地创造自我，引导我们的未来，而不是受我们看不到或无法控制的力量所驱使。

总的来说，阿德勒的理论提供了一种充满希望且令人愉悦的人性画面，这与弗洛伊德沉郁而悲观的观点相对立。阿德勒认为每个人都在努力追求完美，他对社会进步保持乐观态度。

我常常说，温润如玉是形容一个人最棒的词汇了。一个人得有一个多么幸福的童年，才能让他对待周遭的人和事永远那么安静温暖、谦和包容，永远那么不卑不亢、乐观豁达。对于大多数人来说，父母的爱是"平凡又笨拙"的。他们虽然很爱我们，但是这种爱或许从来不是我们期待的爱，毕竟他们也是第一次当父母。

03 / 你家就是最好的原生家庭

我曾给上万个家庭做过咨询。真的，没有一个完美的原生家庭。即使看上去足够好，但当事人感受到的不一定是自己期待的那些好。没有人能拥有完美的原生家庭，更没有人能拥有完美的父母。

也许我们都没有那么完美的来处，也许我们都是第一次为人父母，但也请尽量为孩子提供一个幸福的原生家庭，让自己变成更好的父母。孩子和父母无论是相互成就，还是彼此消耗，都是"守恒"的。是动力，也是压力，这种能量的守恒需要持续地观察、调整。

敢让孩子为自己活的父母，才能帮孩子活出"说了算"的人生。

> 我是为你好＝你要听我的＝你不行
> 你自己决定＝我很相信你＝你可以

图 11　两种不同的爱

"你要搞清楚自己人生的剧本，不是你父母的续集，不是你子女的前传，更不是你朋友的外篇。对待生命你不妨大胆冒险一点，因为你好歹要失去它。"尼采的这句话放在此处特别合适。

父母的爱如果太过沉重，孩子感受到的过度压力向内转化是抑郁和焦虑，向外转化是攻击和伤害：

"我不可爱。"　　"我肯定会失败的。"　　"我干什么都不行。"

"我不被人理解。"　　"爸爸妈妈就是不爱我。"

"遇到困难没有人会帮助我。"　　"我做什么都改变不了这种感觉。"

图 12　孩子消极的心智模式

这种普遍、内在的伤害就会一点点吞噬孩子。

所以，最重要的不是给孩子完美的爱，而是用"足够的有意识的爱"平衡"偶尔的无意识的伤害"。父母和孩子之间有一个隐秘的"亲子账户",投入的爱足够多,偶尔有些未满足的期待、无意的伤害或者情绪的崩溃,都不影响"总量均衡"。就像我们经常使用的银行卡,可以取钱,但要保持收支平衡,财务状况才能长期稳健。

濒临破产的"亲子账户"往往有以下三个表现:

| 父母怎么说,孩子都不听 |
| 父母怎么催,孩子都不动 |
| 父母怎么爱,孩子都不领情 |

图 13 "亲子账户"濒临破产的三个表现

不是孩子不愿意沟通,而是"鸡同鸭讲"太久了,孩子宁愿沉默。亲子关系是个账户,平时不存钱,一用就透支,父母总觉得"他不听",仔细想想是"你不听"。关系大于教育,良好的关系永远是一切沟通的前提。

别让亲子关系破产。因为没有了爱,什么要求都是暴力的。一旦陷入权力的游戏,只有博弈和控制的关系,痛的不只是孩子,还有父母。要想帮助孩子更好地破解原生家庭"魔咒",父母一定要:

- 避免忽视、责骂、暴力等极端的养育方式
- 识别孩子的压力信号,帮助他翻译情绪
- 接纳孩子的情绪感受,之后再引导他的行为
- 避免直接地否定和攻击孩子,多关注和支持他
- 引导孩子表达情绪,学会合作,解决问题
- 尽量做心智成熟的父母,别让孩子继续在破坏性的创伤环境里成长

图14 有效破解原生家庭"魔咒"的方法

不是孩子太"坏",是成长的伤痕太重!家庭该为孩子遮风挡雨,而不是给他狂风暴雨。做孩子的"心灵合伙人",不做孩子的"仇人";做孩子的"支持者",不做孩子的"毒土壤"。

觉醒时刻

重回童年

1. 小时候，你很期待但很少得到满足的一项心理需求是什么？

示例：即使成绩不好，我也可以被父母认可。

◎ _____

2. 你从小常常有的一些负面情绪是什么？

示例：自己表现不好时，会感到焦虑和自责。

◎ _____

3. 你在哪一方面容易情感过敏？

示例：被父母否定或批评时，我常常会很愤怒。

◎ _____

4. 你认为在原生家庭中形成的哪些信念影响了你的一生？

示例：如果事情做得不够完美，我就没有价值。

◎ _____

第 5 天

第 6 天

探索家庭的
真相

第 6 天
ⓘ 重塑你与孩子的关系

"无条件的爱"大概是这些年被误解最深的一个词。人们常常只记得"无条件",而忘了"爱"。只记得形式,而忘了目的。其实,"无条件的爱"并不存在,心理学研究里也没有这个词。卡尔·罗杰斯提出了"无条件的积极关注",他认为积极关注的需要随自我产生,这是人类的一种普遍需要。它的本质是觉察、关注、尊重、接纳和支持。

01 / "无条件的爱",真的无条件吗

很多父母一定和我一样,觉得"无条件的爱"非常美好,甚至一度期待自己能被无条件地爱着,也能无条件地爱孩子。但是"无条件的爱",真的无条件吗?

前段时间的一件小事,让我重新思考这个话题。

小千三岁时,有一天在很专心地玩拼图,她花了一个小时,尝试了很多次,终于独立完成了有40块图的公主拼图作品。她兴奋地尖叫着跑来和我炫耀自己的战果,我亲了她一口说:"你真棒,居然自己一个人完成了这么复杂的作品,妈妈像你这么大的时候都做不到,妈妈太爱你了!"

小千也亲了我一口,她突然放下拼图,拿起一个小球扔在地上,问我:"妈妈,那我扔东西呢,你还爱我吗?"我疑惑地看着她:"爱啊!"

她又跑到我面前,踢了一下凳子,假装生气地说:"那我乱踢凳子,总是发脾气呢?你还爱我吗?"我咽了一下口水,深呼吸后,说:"爱啊!你永远是妈妈心爱的宝贝。"

小千紧追不舍,又问我:"那妈妈,如果有一天我做了很坏很坏的事情,所有人都不喜欢我,你还爱我吗?"我抱抱她,说:"你

一直这么好,即使不这么好,妈妈也爱你。"女儿这才心满意足地走开了。

但是孩子的问题让我很震惊,是啊,如果孩子不善良、不优秀,甚至犯了错、犯了罪,我们还会爱孩子吗?我的那句"即使不这么好,妈妈也爱你",是真心的还是假意的呢?进一步说,父母对孩子的爱,真的无条件吗?

"爱他,如他所是",大概是我能找到的最接近"无条件的爱"的句子了。我们一厢情愿地爱着对方,不会因为他的好坏、对错有所动摇。

"无条件的爱"是很多父母,尤其是"好妈妈"的口头禅。但"无条件的爱",本质不是无条件,而是"爱";不是替孩子解决问题,而是帮助孩子解决问题。

现在的父母越来越愿意学习,看书、听课,做"爱成长的"新式父母,但往往学了概念,忘了本质;学了道理,忘了实践。我们不能被育儿概念和形式上的民主所迷惑,而忽略了孩子真实的成长和自己应负的责任。

很多人将"爱与自由""无条件的爱""全身心的爱"奉为圭臬,认为父母的全部职责就是避免让孩子体验困难、疲惫、挑战,却忘记了爱就是爱,不管是否有条件,背后的连接、接纳和支持才是爱的本质。

02 / 四种错爱

| 错爱一：包办替代是溺爱，更是残害

小时候，姥姥给我讲过一个"土味"故事，大概是我所有童年睡前故事里最荒诞、最搞笑，也最深刻的一个：有一家人，儿子特别懒，衣来伸手、饭来张口，什么都不会做，甚至在炕上坐到腰都酸了，也不会挪动一下。总之，遇到任何事情只知道喊妈妈。有一次，他的妈妈要出门办事，需要离开家几天。她特意做了环形的饼，套在儿子脖子上，嘱咐他说："妈妈需要出门几天，你饿了就吃脖子上的饼。"几天过去了，妈妈回家推开门，发现儿子死了，脖子上的饼他只吃了嘴边的部分。这个孩子居然饿死了都没有转动一下饼，真是懒死的。

这个故事只是一个玩笑，但它背后揭示的是父母对孩子的纵容与溺爱，正在不同的场景里上演着。你一定看到过餐桌上放着平板电脑，大人追着孩子喂饭的场景；超市里见什么买什么的购物狂孩子；不开心就破坏公共财物也不赔偿的孩子；衣来伸手、饭来张口，还嫌弃父母服务不到位的孩子；长大后吐槽父母给零花钱少的孩子；等等。

凡事都顺着孩子，凡事都替孩子办，一大家子人围着孩子团团转，忙得不可开交。大人像陀螺，孩子像皇帝。父母一边唠叨孩子"你真任性"，一边满足孩子所有的需求，这样的父母像被植入了默认程序一样，照单全收孩子所有的行为。这样的"陀螺父母"，屡见不鲜。

我们全身心地爱着孩子，但我们更爱着"期待"中的孩子。情感上无条件地爱着，行为上总是有作为父母的立场和期待。这与好坏、对错无关，只是父母对孩子不由自主的期待。比如，我很爱我的孩子们，但是当他们因为发脾气、互扔玩具，伤害了对方时，"我爱他们"与"他们通过扔东西发泄情绪"之间有了一个巨大的鸿沟。爱孩子与不希望孩子互相伤害，冲突吗？并不！"无条件的爱"，不是盲目的无条件，而是帮助孩子看到情绪，回应需求，与孩子一起解决问题。

上文提到的小"事故"，我和孩子是这样处理的：

我拿起他们刚扔掉的玩具，说："我看到你们似乎有些不愉快。有两个小朋友在生气。"

小万、小亿叉着腰，都不让步。

我问道："哪个小朋友想继续玩游戏？哪个小朋友打算一直当'喷火龙'？"

两个孩子扑哧笑了，开始当起了小"喷火龙"。

"如果你们受伤了,还能继续玩游戏吗?"

两个孩子都摇摇头。

"你们可以一起想办法,设定规则,轮流玩耍或者一起玩耍,我相信你们都有好办法!"他们你一言、我一语地开始协商,最后决定一起玩角色扮演的游戏。

下一次当两个孩子想法不同时,他们都会询问对方:"我们是不是好兄弟?来,让我们一起想办法!"

如果我们只是强调父母要爱孩子,而不是帮助他们解决社交中的冲突和情绪,也不告诉他们规则和边界,那么之后他们再次冲突时仍然需要父母来"救火",甚至永远也不明白什么是合作。

| 错爱二:"都是为你好"式牺牲,背后都是控制

很多人以为溺爱是爱得太多,其实不然。溺爱只是打着爱的旗号,本质是控制和绑架。

"情感绑架"是最温暖也最冰冷的爱,不亚于任何一种家庭暴力,表面上看起来是"为你好",背后都是"你要听我的"。

很多父母的问题,不是爱得太少,而是管得太多。父母的事无

巨细，过度干预，其实是对孩子自我边界的入侵。父母觉得自己是毫无保留的无私付出，孩子感受到的却是不被尊重、不被接纳、没有自由：

"我是为你好。"

"我为你付出了这么多。"

"你为什么就不能理解我？"

"你真是太自私了！"

"我一辈子都是为了你。"

"你怎么可以不听我的？"

"真是上辈子欠你的！"

"你怎么只考虑自己？"

"我放弃一切都是在替你考虑。"

图15 "都是为你好"式的语言控制

这样的爱不是爱，是变相的情感勒索。而且父母的过度干预，废掉的是孩子的自主能力。溺爱，让孩子永远无法从心灵断奶，反而最终会成为事事无法自理的"超级巨婴"。过度操劳的父母，换来的都是懒且不知感恩的孩子。

心理学家华莱士在他的著作《父母手记：教育好孩子的101种方法》中提到这样一个例子：一位母亲为她的孩子伤透了心，她不得不去找心理医生。医生问："孩子第一次系鞋带时，打了个死结，从此以后，你是不是不再给他买有鞋带的鞋子了？"母亲点了点头。医生又问："孩子第一次洗碗时，打碎了一个碗，从此以后，你是不是不再让他走近洗碗池了？"母亲称是。医生接着说："孩子第一次整理自己的床铺，用了整整两个小时的时间，你嫌他笨手笨脚，对吗？"这位母亲惊愕地看了医生一眼。医生又说道："孩子大学毕业找工作，你又动用了自己的关系和权力，为他谋得了一个令人羡慕的职位。"这位母亲更惊愕了，她从椅子上站了起来，凑近医生问："您是怎么知道的？"医生说："从那根鞋带知道的。"母亲问："以后我该怎么办？"医生说："当他生病时，你最好带他去医院；他要结婚时，你最好给他准备好房子；他没有钱时，你最好给他送钱去。这是你今后最好的选择，别的我也无能为力。"

这个真实而又荒诞的例子，每天都在上演。

错爱三：照单全收不是全然接纳，是放纵和失控

没有哪个父母想培养罪犯，但很多父母的过度担心正来自这种担忧。"我的孩子不好好教育会不会毁了？"当然不会！但是听多了尊重、爱和自由，不少父母也会想，应该对孩子更加包容，不是吗？话虽如此，但是尊重和接纳如果失去了边界，就会造成"慈母多败儿""惯子如杀子"的悲剧。

之前看过一个视频采访，一位母亲在儿子犯罪被抓后，在审

讯室里抱着手脚戴着镣铐的儿子大哭道："妈妈跟你说要做个好人，你为什么不听话呢？都是妈妈不好，是妈妈害了你！"

这样的场面让观众很心酸，"慈母多败儿"并不都是慈母的罪过，但一旦慈母失去了底线，只是嘴上说说，行为上全盘接受，不再去引导孩子的行为，就会从"无条件的爱"变成放纵和失控。

当孩子的行为可能伤害到别人，引起负面结果，或者孩子的行为严重冲击规则、秩序甚至法律时，父母就要考虑所谓的"无条件"甚至"全然接纳"是否真的可以全部被允许？父母爱孩子，孩子的感受全部是合理的，但孩子的行为需要调整。

还有一种很纠结的情况，就像上文提到的"陀螺父母"一样，父母总担心孩子做不好，甚至觉得孩子太小了不能自己做，一直"无条件"地替孩子做。这样的父母付出最多，唠叨最多，忙碌最多，可孩子成长最慢。

如果父母能意识到爱孩子是帮助孩子应对和解决成长困扰，是帮助孩子更好地独立和适应，那就不会变成替代。爱是帮助孩子解决问题，而不是代替孩子解决问题。

"无条件的爱"，不是无条件的替代。

"无条件的爱"，也不是没有期待的纵容。

错爱四："温柔而坚定"不该是变形的控制

除了"无条件的爱",还有另外一个高频的词语是"温柔而坚定",我想最初使用这个词语的心理学家一定是希望父母能够温柔而坚定地影响孩子,但是很多人在实践的过程中,变成了父母对孩子的隐性控制。

"妈妈,我想先玩,再写作业。"

"你是个好孩子,你会先写作业的,对吗?"

"妈妈,我想吃糖。"

"你这么懂事,知道吃糖不好,不吃了。"

以上每句话听上去都很有道理,但背后传递的是"你不想""你知道我想要你干什么""好孩子应该这么做"。

有一次,我带着孩子们在外就餐,几组家庭一起,大家一边吃一边聊,特别快乐。有个孩子吃饱了感到无聊,他拿着妈妈的手机开始看动画片,其他的小朋友也都凑过去看,大家都不吃饭了。

这时,这个孩子的妈妈对他说:"我们都在吃饭,小朋友也在看着你,来一起关掉吧。"孩子有点儿伤心,还想继续看。

妈妈接着说:"我知道你很想看,动画片一定很有趣。但是其他小朋友还饿着肚子呢，等一会儿大家都吃饱了再一起看，这样其他小朋友会看得更痛快，怎么样？"

孩子虽然不乐意，但是看看妈妈，又看看其他小朋友，主动把手机关掉了。

然而，在这种情况下，大多数父母只提规则，不谈感受，往往会强行拿走孩子的手机。

"温柔而坚定"本该是划清边界，帮助孩子明白自己的需求与父母的需求之间平和的解决方法，在这里却变成"温柔而坚定"地控制和绑架孩子。

爱孩子的心和帮助孩子健康成长的愿望并不冲突，在两种需求中找到父母和孩子都认可的平衡点，就是解决方案。我们不是告诉孩子什么是对错，而是"可以商量，可以解决"。如果孩子能理解边界、情绪等问题，自然更平和，更愿意和父母分享，更会积极地配合父母。

03 / 无条件的积极关注

我刻意在各大数据库和网络搜索引擎中查找"无条件的爱"

一词，除了网文，严肃的科学研究寥寥无几，倒是发现了"无条件的积极关注"这个心理治疗概念。

　　心理学家罗杰斯认为，人们产生心理疾病的原因是受环境的影响太大，失去了真正的自我。治疗的方法便是帮人们找到真正的自我。治疗师必须无条件地把注意力放在患者身上，对他的倾诉表示尊重。积极关注传递的是尊敬、同情、认可、关怀等，被关注者会产生温暖的情感体验。

　　积极关注的需要随自我产生，在罗杰斯看来，这是人类的一种普遍需要。也就是说，在心理治疗领域，无条件的积极关注，是帮助患者接纳自己、支持自己。

　　"无条件的积极关注"用在家庭教育里，即父母需要无条件地关注孩子的各种行为，对于孩子符合父母期待的好行为，父母及时给予认可，孩子多次经历这种关注与认可，就会将其内化为自我结构的一部分，最终固定下来；对于孩子不符合父母期待的坏行为，父母愿意尊重、接纳，但要积极引导。

　　这种养育方式就像人们常说的"他人评价"转化为"自我内部评价"的过程，这不只是爱，更是积极的关注，是情感上的全然接纳和行为上的积极引导。

　　邻居家的孩子小美是一名小学生，平日里性格非常开朗，与他人相处也很融洽。在外人看来，小美的父母应该为她感到骄傲。

可是小美的父母并不这么认为，他们觉得小美整天只知道玩耍，学习成绩也很一般。在小美爸爸的眼中，开朗的性格并不是优点，因为他"积极关注"的是小美的学习成绩。其实，小美父母对她的关注是有条件的关注，他们把孩子的学习成绩当成关注孩子的条件，然而这样会束缚孩子的发展。

在人格心理学中，积极关注指的是自我知觉出现后，婴儿开始产生的被人爱、被人喜欢和被人认可的需要。积极关注得到满足或遭遇挫折，会影响人们的自我关注评价。得到满足则易发展为积极的自我关注，遭遇挫折则易发展为消极的自我关注。

换句话说，"无条件的积极关注"指的是父母真正尊重孩子的想法和感受，并相信孩子具有积极向上的品质和潜能。父母对孩子的积极关注，是孩子产生积极的自我关注的先决条件。孩子一旦建立积极的自我关注，便可以自我延续，不再依赖他人的关注。

觉醒时刻

自我关怀

每个父母都一定有过"孩子太闹腾了""事情太多了""今天太崩溃了"的时刻,其实,不只孩子需要积极关注,我们更需要自我关怀。

"不是我一个人有这样的感受。"

"我可以难过一会儿。"

"我此刻一定是累了,需要休息。"

"我可以向朋友倾诉。"

"我可以做一些喜欢的事情放松一下。"

"我可以出去走走,散散心。"

像个好朋友一样,接纳和关爱自己。允许自己不那么"强大",也是传递给孩子"我们可以做自己的朋友""我们可以自我关怀"的理念。

第 7 天

复盘日

★ 从"乱吼"到"会吼"

识别"不想吼但吼"的自动化模式,减少"踢猫效应"带来的情绪污染,真正把孩子作为一个"人"来尊重,这需要父母用正确的话语表达爱,真诚地和孩子建立连接,帮助孩子解决问题,而不是解决孩子。

★ 从"坏脾气"到"好性格"

从大脑结构、能力水平、家庭环境、自身特质四个维度,分析为什么每个孩子的童年都充满了各种各样的"坏"。在此基础上,父母应正确地解读孩子的情绪,培养孩子表达情绪、提出需求、处理冲突的能力。

★ 探索家庭的真相

只有主动了解原生家庭,才能真正破解它的"魔咒"。每个被原生家庭伤害的孩子,背后都藏着不会爱的父母。也许"无条件的爱"并不存在,"无条件的积极关注"才是父母应该努力的方向。

Part II
亲子共育计划

从"监工"
到"合伙人"

建立规则感
和边界感

打造终身受益的
微习惯

第 8 天

第 9 天

从"监工"
到"合伙人"

第 8 天
ⓘ 做孩子成长路上的"合伙人"

父母跟孩子之间的关系，一般有三种：老师型、保姆型、伙伴型。有的父母认为，我是孩子的老师，我什么都得会，什么都得教，要有三头六臂，必须无所不能。有的父母认为，我是孩子的保姆，需要事无巨细地帮他完成所有的事情。也有的父母认为，我是孩子的朋友，跟他无话不谈，任何隐私、体验、情绪都可以跟他分享。

除了以上三种亲子关系类型，我认为父母跟孩子之间更具成长性的关系是合伙人。父母不可能只是孩子的朋友，父母的力量、能力、智慧等各方面都比孩子强很多。父母也不可能只是孩子的老师，父母的智慧必然是有限的，更何况父母与孩子成长于不同的时代，就像普通手机与智能手机，父母不可能永远领导孩子，让孩子活在自己的影响之下。孩子由父母而来，但是他成长得比父母要好，父母与孩子需要相互合作、相互影响、相互成就。

客观地说，父母既要满足孩子的生理需求、生活需求、情感需求，也要成为孩子更好的引领者，这个角色永远不过时。当孩子离开父母时，无论是原生家庭的环境，还是父母的社交经验，抑或是父母的职业能力，都会在孩子身上得到延续，都会对孩子产生微妙而系统的影响。因此，父母跟孩子的合伙人关系是终身的，无论这个关系是愉悦的，还是痛苦的，父母与孩子之间的相互影响，往往比一起创业的合伙人更为重要。

01 / 生命"合伙人"

父母是孩子的生命"合伙人"。

生命"合伙人"有两层含义。

一是共生，指"孩子的出生"和"父母角色的诞生"之间的共生。很多父母都有这样的体会，孩子出生后，父母这个角色才真正诞生了。孩子的到来，让我们的家庭进入了新的阶段。

共生还意味着父母与孩子之间的"共生依恋"，可以用三个关键词概括。第一个关键词是"亲密"，孩子从胎儿期到婴儿期，都被父母的爱所营造的"空间和心理"的亲密包围。第二个关键词是"分离"，尤其在开学季，孩子进入新的阶段会产生分离焦虑，父母与孩子之间的共生关系也会发生新的变化。第三个关键词是"独立"，随着孩子的成长，父母需要给予孩子更多的空间，让他在安全的环境中探索，并帮助他学会处理一系列的教育问题、成长问题，培养他独立应对未来所需要的智慧。

二是共赢。一项科学研究证明，生孩子会让女性的牙齿松动老化。有的女性吐槽，生孩子后感觉自己的生命精华都被"萃取"了。其实，在心理学和生物学中，还有一些让人意外的发现表明，不只是父母在养育孩子，孩子也在滋养父母。

首先，通过繁衍，父母可以获得意义感和价值感，父母会更有爱心，更有责任感，也更关心自己的职业和人类的未来。其次，父母和孩子是互利关系。科学研究发现，人类在胎儿期会从母体里吸取营养，也会"反哺"母体，刺激母体细胞进行一定程度的修复。

很多人开玩笑说："生孩子可以让妈妈变得更美。"照料婴儿的辛劳疲惫，对妈妈身心的损耗是肯定的，但是养育不是单向的，孩子也在"反哺"妈妈。最后，父母可以和孩子携手共同成就更好的彼此。在为人父母之前，我们的学识巅峰可能是高考，那时上知天文、下知地理。为人父母之后，很多父母说自己一直坚持学习，耗费的精力都可以用来考十个博士了。确实如此，在养育孩子的过程中，我们从之前的爱玩手机，到现在的看童书、看名著，涉猎了很多从未了解过的领域，技能也在不断提升。

02 / 成长"合伙人"

父母也是孩子的成长"合伙人"。

在养育孩子的过程中，我们和孩子一起学习，一起经历，共同成长。从怀孕期自身角色的转变，到孩子出生后作为新手妈妈的焦灼，再到孩子入园、入学后带来的各种教育问题，每一个阶段我们面临的挑战，都是我们和孩子一起成长的印迹。

我们家有一项规则，叫作"文明、礼貌、合作"。我经常对三个孩子说，别的事情都是小事，这三个词一定要记在心里。有一次出门前，我提醒孩子们说："必须要出门了，再过五分钟就迟到了。"小亿说："妈妈，你不是说要合作吗？这个玩具我没有玩完，还需要五分钟。"他和我谈条件时，我突然意识到，规则不只是给孩子制定的，也是给父母制定的。我们总是对孩子说，凡事要跟爸爸妈妈商量，要无条件地信任我们，我们什么问题都能解决，那么身处这样一个小场景，他的想法和需求也是可以跟我们商量的。

高质量的陪伴，不只是父母"陪孩子出行"，更是"和孩子一起出行"。父母真正参与其中，和孩子一起探索、体验，享受家庭关系的亲密感，才能与孩子成为彼此的成长"合伙人"。会协作的父母，一定能很好地平衡"自我"和"合伙人"之间的角色关系，积极、乐观、自如地应对孩子成长的每个阶段。

父母与其折腾孩子，把梦想、不甘投射给孩子，不如提升自己的反思能力、成长能力。孩子在变，父母也要变。父母能成长，孩子才能爱合作。

父母"鸡娃"，孩子天天向上。（过时了）
父母努力成长，孩子好好合作。（更关键）

图16 两种养育观念

好父母并不是完美的父母，但是他们能够抓住养育和陪伴孩子的机会，主动成长，找到适合自己的养育方式，做陪伴孩子成长的最佳"合伙人"。

03 / 教育"合伙人"

父母还是孩子的教育"合伙人"。

教育"合伙人"有两层含义。

一是共学。人们都说,父母是孩子的第一任老师。其实不是,父母应该是孩子的第一届同学。在此过程中,我们可以帮助孩子完成四种学习过渡:心理过渡、习惯过渡、知识过渡和技能过渡。

很多父母感到困惑,不知道应该什么时候开始培养孩子的阅读习惯,什么时候开始让孩子练字,什么时候开始考虑孩子的职业发展。如果我们跟孩子是共学关系,你会发现我们可以从小培养孩子应对未来需要具备的一切技能和习惯,毕竟"生活即教育"。秋天叶落,夏天虫鸣,都是很好的科学启蒙素材。

我有时会问孩子:"你猜一猜,树上鸣叫的知了是爸爸还是妈妈呢?"借此机会,我会跟他闲聊知了蜕变的过程,孩子听得津津有味,也因此爱上了昆虫。我还会用心培养孩子每日阅读的习惯。在这些生活细节中,父母都可以逐渐培养孩子终身学习的好习惯。即使高考结束之后,孩子依然会热爱学习,对生活充满好奇心。

二是共驱。父母都希望孩子自律、自驱,这当然是很美好的愿望,然而,关键问题是父母要跟孩子共驱。什么是共驱?与其望子成龙，不如望己成龙更实际。用自己的成长，给孩子做出示范。

我有位朋友是纪录片导演，为了工作方便，他和妻子经常住在摄影组里。孩子不到两岁，就开始和父母一起泡在机房，面对一堆摄影器材。孩子三岁时，基本学会了操作摄像机，还可以用手机拍一些构图很好的照片。

其实，父母的职业对孩子的成长产生重要影响的例子非常多。设计师的孩子，很容易会对空间感兴趣；书法家的孩子，很容易喜欢写写画画。这便是父母跟孩子的兴趣共驱。

我们让自己变得更快乐、更优秀的同时，无形之中也给孩子打开了一扇成长的大门。如果你发现了孩子的兴趣，那么不妨和他一起去探索。

觉醒时刻

做孩子最好的"合伙人"

好家庭，好父母，才是孩子最好的起跑线。父母和孩子的互动方式里，藏着孩子的未来。常用这几句话，可以让孩子内心强韧，有爱更有力：

"我在。"

让孩子知道他的任何情绪感受都是合理的，而不以权威姿态评判他。

"需要我帮你做什么？"

让孩子理解，父母任何时候都会给予他帮助，他不用逃避、隐瞒，更不用离家出走。

"我是我，你是你，但我爱你。"

让孩子明白，规则和界限，与爱不冲突。

"对不起，我做得不太妥当。"

父母做错了事，要勇于承认，和孩子一起面对事实。

"来，我们一起想办法解决。"

发出邀请，和孩子一起想办法。

不幸的人，用一生治愈童年；幸福的人，用童年治愈一生。幸福的家庭不一定必须完整，和谐、真诚、成长、合作才是家庭幸福的根本。父母要做孩子最好的"合伙人"，这样才能帮助孩子提升自身的能力，从容应对未来的一切问题。

第 8 天

第 9 天

从"监工"
到"合伙人"

第 9 天
ⓘ 好玩，才会合作

父母和孩子一起成长需要足够的陪伴和玩耍。玩是孩子的语言，是孩子最好的成长和学习方式。

父母可以和孩子一起在玩耍中化解育儿问题，在玩耍中管理情绪、升级亲子关系、培养孩子的核心能力，和孩子一起在笑声中合作与成长。

01 / 玩是孩子最重要的"工作"

孩子的玩，就像我们小时候的过家家。树叶、石头、空瓶子，甚至小蝌蚪，都能让孩子感受到快乐。对孩子来说，他看到的世界都是好玩的，我们不需要刻意地要求他应该玩什么、不应该玩什么，可以让孩子自由选择。

玩是最好的学习和成长的方式，然而父母觉得孩子的玩是没有意义的，其实玩就是学，玩可以促进孩子的全面发展，如动作的发展、认知的发展、语言的发展等。刻意的教育往往欲速则不达，父母应该允许孩子用自己的方式慢慢学习和探索，用爱陪伴孩子，给予孩子一定的支持和理解。

每个孩子都是独立的个体，养育孩子不是阅读一本育儿书就能养育好的，跟着孩子一起玩吧。玩是孩子的本能，本身充满价值，父母眼中毫无意义的玩，却可以在无形中提升孩子的情绪管理能力、社交能力等。

| 玩就是学习

爱玩是孩子的天性，但这种天性让父母很为难。在一些父母的

眼中，玩和学习是两件毫不相干的事情，甚至认为它们是对立的。孩子贪玩就会耽误学习，而学习成绩好的孩子从来不贪玩。其实不是，父母总喜欢把孩子的时间安排得满满当当，即使才四五岁的孩子也要送到培训班学点儿什么，好像没有一门特长傍身，孩子就彻底输在了起跑线上，父母也无法参与微信群里"孩子今天进步了吗"的话题。

一个会玩的孩子，才是有活力的孩子；一个会玩的孩子，智商与情商都不会差到哪里去。玩的范围非常广泛，任何孩子愿意尝试或者沉浸其中的活动都是玩。玩还是一个复杂的适应系统，在这个系统中，混乱中会产生秩序，秩序又会消失在混乱中，这个循环可以不断重复。如果认真观察玩耍中的儿童，我们就可以识别这个循环。

心理学家彼得·格雷归纳出玩耍的三个特征：自我指挥、自我激励、包含想象（如果……就会……）。这三个特征意味着玩与自主选择、行动意愿密切相关，而且一定程度上培养了孩子解决问题的能力。换句话说，玩就是学习。

| 游戏是严肃的教育

在游戏治疗领域，治疗师借助游戏互动，可以帮助孩子调整情绪，深度疗愈，从而让孩子获得更好的认知和成长，在笑声中学

会合作。游戏，也是最适合父母与孩子的互动方式之一。

劳伦斯·科恩在《游戏力》一书中提到，游戏中蕴含着治愈孩子的力量，可以助推孩子的成长。如果孩子能够通过角色扮演、策略、竞技等游戏发展自己，那么父母会发现孩子的情绪更加稳定了。在游戏中，孩子可以逐渐探索世界，了解人际规则。孩子遇到的交际问题、学习问题，也可以通过有趣的游戏互动进行化解。

02 / 你就是孩子好的玩具

有研究发现，在动物世界里，动物的好奇心越强，生存能力就越强，它们可以通过不断探索，获取更多的生存经验，从而应对未知环境。在生活中，孩子天生好奇，好奇心是引领他们主动探索未知、学习本领的内在动力。最好的教育在家庭，父母可以在家陪孩子"玩"起来。

找找我像谁

找出包含在生活用品或建筑中的相同图形，培养孩子的观察力、专注力和探索力。

宝藏小猎手

让孩子根据"藏宝图"找出藏在家中的"宝藏",锻炼孩子的记忆力、观察力和推理力。

体验游戏

带领孩子玩折纸等游戏,引导他去观察和探索,在感官体验中激发他的好奇心。有段时间,北京接连下了几场雪,我们家三个孩子天天嚷着要出去堆雪人、打雪仗。然而当时疫情尚未结束,为了不让三个孩子失望,我带着他们在家里用纸叠小房子、做"雪人"、撕"雪花",还用纸团做成的"雪球"打了一场痛痛快快的"雪仗"!虽然家里一片狼藉,但是大家都很开心。

动手动脑,激发孩子创造力

未来的全球教育趋势里,创造力是孩子最重要的能力之一。创造力是集知识、智力等多元能力为一体的综合本领。在孩子创造力的培养中,比较重要的是他们的空间想象能力、逻辑思维能力和艺术创作能力。说起来很抽象,其实只需要一些日常游戏就足够了。

比如,搭积木可以锻炼孩子的空间想象能力;讲故事、编故事有助于培养孩子的逻辑思维能力;绘画、涂鸦、手工可以激发孩子的艺术创作能力。在游戏中,父母可以适当增加趣味性和竞争性，让孩子在动手动脑的娱乐中增长创造力。

我们家里有面"荣誉墙"，三个孩子获得的奖状、创作的优秀作品等都会张贴在上面。每每有自己的奖状或作品被张贴在墙上，孩子就会很得意。为了给他们更多的动力，我们还会对孩子们的作品进行投票。小千、小万、小亿每人一张选票，投选出自己认为最棒的作品，并对作品做出点评，得选票最多者"获胜"，而且可以将作品张贴在"荣誉墙"上。当然，为了不打击其他孩子的积极性，我们也会根据作品特点给予"最佳创意奖""最佳色彩奖"等，三个孩子乐此不疲，我也常常为他们的作品感到惊喜。

倾情演绎，变身社交小达人

社交力贯穿生活的方方面面，它可以帮助孩子准确地表达自我，进行有效沟通，提升解决问题的能力。平时我会鼓励孩子与亲友、陌生人等接触交流，多交流才能懂交流。而宅在家同样可以玩出社交力。

比如"猜猜游戏"，即用简短的语言或图片向对方描述自己看到的词语或事物，直到对方猜出。孩子既可以做猜词者，也可以做描述者，从而锻炼社交中必备的理解能力和语言表达能力。

又比如"角色互换游戏"，通过角色互换，演绎生活中的场景，可以增强孩子的同理心，提升孩子的沟通能力和解决问题的能力。平时，在三个孩子玩得太疯逼近混乱时，我总会提议做角色互换游戏，三个孩子很享受做大人的感觉，都会积极响应。

有一次，我学着他们疯玩的样子，到处丢玩具，拿着玩偶打人，还像复读机一样学他们说话。他们开始配合我的表演，像模像样地管教我："快把玩具收起来，你这样乱扔会绊倒别人的！"最后，我们一起收拾一片狼藉的家时，三个孩子体会到妈妈收拾整理的不易，都过来抱着我贴心地说："妈妈，你平时收拾我们的玩具太累了吧！以后我们再也不会乱扔玩具了，玩完的玩具都自己收拾！"别说，让孩子体验父母的角色，真的挺管用。

以上的小游戏是我多年积累的经验，每个家庭都可以通过独创的游戏陪伴孩子探索成长。让孩子在玩耍的同时，锻炼思维，增长知识和经验，释放特质和潜能。

03 / 玩出超能力

如果孩子从小爱生活，爱阅读，会观察，会提问，会假设，会论证，会总结，那么这一套日常生活中的玩法，也可以迁移到课堂上。小千因为喜欢画画，爱上了认字；小万、小亿因为喜欢阅读，爱上了背诵经典故事。这些能力本身就是相通的，给孩子充足的时间，让他们在玩中爱上世界吧。

玩阅读

父母可以和孩子一起讲故事，演故事，编故事。亲子共读能够提高孩子的认知能力、理解能力和表达能力。

玩艺术

我经常和三个孩子一起涂鸦，做手工，玩沙子，哼小曲儿，即兴表演，激发他们的创造力和手眼协调能力。

玩游戏

拼图、积木、沙盘等空间堆叠游戏，可以锻炼孩子的空间想象能力和逻辑思维能力。

玩诗词

很多父母喜欢教孩子背诵唐诗宋词，其实背诵唐诗宋词最大的好处不在于提升学习成绩，而在于诗词中特有的韵律和节奏可以打开孩子的"记忆宫殿"，提高他们的记忆力。

成长路上，孩子会在每一次的探索尝试中，积累经验，积蓄力量。和孩子一起玩出成长力，你准备好了吗？

延伸阅读
如何带动孩子一起做家务

| 培养孩子做家务的习惯

我们家的三个孩子经常抢着洗碗、叠衣服、拖地，好不热闹。三人成伍，于是家里有了做家务的氛围。不过，让孩子养成做家务的好习惯与孩子的数量并没有直接关系。小千在两个弟弟出生之前，就是做家务的一把好手。

一个孩子刚会走路，甚至刚会扶着沙发或茶几站起来挪步时，他就会模仿，看到大人擦桌子，他也拿块抹布东擦西抹；看到大人拖地，他也煞有介事地拿着拖把拖来拖去，因为好奇、好玩而为之。

孩子第一次擦桌子时，父母大力表扬，甚至拍个小视频，并告诉孩子："你擦桌子的样子很可爱，妈妈把视频发到微信朋友圈，让所有的亲朋好友都能看到你在帮妈妈擦桌子，让我们看看谁会为你点赞，好不好？""好！"

让孩子知道他不是在玩，而是在帮妈妈做家务。让孩子知道，很多人都会看到他在做家务，他会有一份成就感。发微信朋友圈的行为也会让孩子记忆深刻，下次想起来时，他会说："妈妈，我还要再看看我做家务的视频。"

小千两岁后，每个周末都会跟姥姥一起住。姥姥给小千买了一个整理箱，她看到姥姥把她的小衣服分门别类地放在箱子里，就开始自己整理自己的东西了。她会有自己的想法，把姥姥放置的东西重新调整。

姥姥每次都会夸她："小千，你这样放比姥姥放得更合理，太有才了，姥姥都没想到呢。"每次住在姥姥家，小千总会"光顾"自己的整理箱。

小千、小万、小亿都是两岁开始进厨房，刷完碗筷擦灶台，奶奶给小千买了专用小围裙，再也不用为过多的泡沫担心了。

| 做家务背后的理论依据

哈佛大学的格兰特研究，是为期最长的人类研究，这项研究中有一个让人意外的结论：孩子越早开始做家务，未来获得成功的可能性就越大。

挽起袖子开心干的心态，意味着即使有些不想做的工作，也总要有人去完成，这个人可能就是我。这种心态的转变，可以改善整件事情，让你在工作中获得先机。

斯坦福大学前教务长朱莉在TED课程"什么是好的家庭教

育"中提到，做家务是孩子建立自我效能最有效的途径。自我效能是当一个人看到自己的行为带来的成果时建立起来的。自我效能是人类心智的重要准则，比父母赞美建立起来的自尊更为重要。孩子必须建立自我效能，这样才会懂得思考、规划、期待、应对、体验自己的人生。

| 父母积极的引导至关重要

同一个孩子，不同的父母养育会有不同的人生。孩子很多的行为都来自玩，而做家务玩着玩着就学会了。

相信很多父母都经历过这些让人啼笑皆非的场景：我们刚把拖把放在卫生间，孩子便拖着脏兮兮的拖把沿着干干净净的地板出来了；我们刚把绘本摆进小书柜，孩子噌的一声就把绘本柜弄乱了；我们刚把小鞋子放到鞋架上，一转眼，孩子把小鞋子扔了一地……

此时，我们可以这样跟孩子说："拖把还没来得及洗干净，脏拖把会把地板弄脏，不信你看看（演示一下）。你想要拖地的话，我们一起来把它洗干净，好吗？""绘本不看时、小鞋子不穿时，它们需要待在自己的'家里'，我们把它们放回自己的'家里',好吗?"这样孩子会很配合父母,一起像模像样地把它们收起来。

如果父母是这样的态度:"你瞎祸害什么?橡皮泥能在围栏里玩吗?哪里都是橡皮泥渣,谁收拾呀?"孩子就会一脸困惑、无助,再也没兴趣玩橡皮泥了,更不会用它做出漂亮的"棒棒糖"送给我们了。

相反,如果我们换个方式:"宝宝,我们铺一张纸,在纸上玩橡皮泥,掉下来的橡皮泥渣会落在纸上,就不会弄脏我们的围栏了,对吗?"孩子会点点头,耐心地等你铺好纸,才开始玩。即使有些橡皮泥渣掉在地板上,孩子玩完之后,我们邀请他一起把它们捡起来,他也会积极地配合,可能还会一边收拾,一边说:"我们要把地板收拾干净。"

你会发现,孩子到了两岁半以后,书柜和鞋柜的"动荡"消失了。无论在家中还是在沙滩上,他们的小拖鞋总是整齐地摆放在那里。衣服、玩具等也能归位了。

这个过程历时1.5~2.5年,父母无数次地接纳、引导、确认,会付出很多。但是孩子长大以后根本不记得这些细节,只有当他们成为父母时,他们才会明白:原来父母是这么辛苦地教会我这么多东西的啊,他们的恩情真是比海还深!

| 做家务的好处多多

（1）**有助于自我效能的建立**。孩子的动手能力很多是在做家务活中锻炼出来的。家务活被孩子轻轻松松就玩会了，当做家务成为孩子的一个习惯、一种本能，父母无须催促，孩子就能自然完成。在孩子的成长过程中，习惯渐渐地变成一种品德、一种自我效能，并融进他的思维和品格之中。小时候，爸爸妈妈工作都很忙，每次周末加班回家后，刚上小学的我已经和好了面，炒好了最拿手的西红柿炒鸡蛋。做家务，也是我们家的传统之一。

（2）**有助于手、脑、眼的高度协调**。对于幼儿，做家务有助于其大动作与精细动作的协调发展；对于中小学生，做家务对其学业的帮助也意义重大。我的老家有一位清华大学的学霸，非常喜欢做家务，即使高考当天的午饭，也是他自己做的。他被称为"最会做家务的学霸"。不少"高分高能"的学生，都很喜欢做家务。

（3）**培养分担意识**。幸福家庭，人人有责。替家人分担家务，将来才会为家人分担忧愁，分担责任。从做家务开始，让孩子的分担意识扎根于心。

（4）**爱自己、爱家人**。能够把自己收拾得整整洁洁，才会精神焕发；能够学会爱自己，才会设身处地为家人着想，替家人分忧。爱自己，才能爱家人和朋友。

（5）**提升创造力**。从无到有，就是创造。只有对自己的学业、专业、事业耳熟能详，才能萌生自己的新思想，带来自己的创造。而创造力是未来时代的核心能力，学习的最终目的就是创造。

（6）**培养强大的内心**。"我能行""我是有价值的，我能够为家人和朋友做得更多、更好，拥有我，让他们更加自豪"。

（7）**生存的最大保障**。有位亿万富翁曾说："你可以拿走我的亿万资产，但是你拿不走我拥有亿万资产的能力。把我扔在一个人迹罕至的孤岛，给我15年时间，我依然会拥有亿万资产。"试想一下，在孤岛上，他首先要做的事情就是生存下去。自己找水或建水池，自己建房，自己捕鱼或耕种，自己烧火、做饭、洗衣、清扫等。你会发现，会做家务，就会做其他的一切。能够生存，就会有发展，就会建立自己的商业帝国。

会爱孩子的父母，就会从小培养孩子做家务的习惯。最终他会"自我负责"，靠自己，成就自己的辉煌。

第10天
第11天
建立规则感和边界感

第10天
ⓘ 规则，帮孩子在自由中自律

怎么让孩子自由而科学地成长？规律的作息、安全的环境、明确的边界、弹性的规则，让孩子能够在秩序感、安全感、边界感、规则感中，尽情快乐地成长。养育没有标准，做孩子的教练和安全员，不盲目地停留在概念上，才能更好地养育。很多人认为爱不能谈规则，否则就是"有条件的爱"。殊不知，爱更需要规则。

01 / 爱与规则

有些信奉规则感的父母好像偏离了方向。在我们的"社群"里，有位木木妈，她问了一个很有趣的问题："讲规则难道不用戒尺，用嘴巴？我不动手只动嘴，孩子根本不听啊！"一群妈妈鼓掌附和，看来和孩子好好谈规则确实是个难题。

没有天生的"坏"孩子，只有没找到好办法的父母。在培养孩子规则感的路上，大多数父母都经历过"说了不听""做了没用"白费力气的阶段。

其实，大多数父母都对规则有一些误解：

规则就是约束和限制
讲规则就是要严厉，甚至是惩罚孩子
讲规则与给孩子爱和自由是违背的
讲规则会让孩子缺乏创造力

图17 常见的规则误区

真是这样的吗？当然不是。规则可以给孩子带来更多的安全感、秩序感、可控感，甚至教会孩子和他人合作；规则也可以让父母和孩子的关系更融洽、更亲密。

父母的教育无可替代

"孩子的路，让他自己去走"，这句话对中国父母而言很熟悉。但是孩子未来的路也要靠父母去规划，而不是把孩子生下来就完成任务了，更不是追求短期回报。就像炒股一样，回报最好的往往是短期收益不高的那一只。父母应该追求的是孩子长期的发展、持续的兴趣、长久的规划，而不是"头痛医头，脚痛医脚"式的教育。以始为终，多想想孩子喜欢什么、擅长什么，更愿意在哪些领域长期发展，而不是盲目短视。

不同阶段，父母可以帮助孩子发展不同的能力：

0～3岁：给孩子足够的爱和陪伴，帮助他发展安全感和信任感，让孩子觉得"我很好"。

4～6岁：让孩子充分地玩耍和运动，帮助他发展兴趣和社交，在边界和规则中自由地成长，让孩子觉得"我可以"。

7～12岁：培养孩子的好习惯和好技能，帮助他在热爱和坚持中找到成长的力量，让孩子觉得"我喜欢"。

13～18岁：给孩子足够的空间和自由，帮助他更好地发展社交、制定目标，找到职业和人生的方向，让孩子觉得"我说了算"。

无论严厉还是温和，孩子都需要父母尊重自己的喜好，支持自己的选择。父母是影响孩子最深远的人，我们应该让孩子不缺爱，更不缺努力。很多父母不能理解为什么孩子会突然变坏。其实，是父母错过了孩子变化的全过程，甚至亲手培养了孩子的坏。一颗种子如何长大，全在播种者和照料者，我们不会埋怨种子，只会责备园丁。养育又何尝不是对"父母责任"的一次拷问？给予孩子恰如其分的爱，而不是盲目的保护；选择适度的放手，而不是完全不让孩子经历风雨，才能帮助孩子理解自己，继续前进。好父母一定是孩子的好同学，能和孩子一起成长。

02 / 定规则从读懂孩子开始

| 家庭规则是家庭教育必不可少的环节

"规则"一词听起来让人很有压力，但是它能够帮助孩子在各个方面找到边界，能够帮助孩子和别人合作得更好。父母完全可以通过自己的语言、行为，与孩子进行互动，把规则的种子种到孩子的心里。这样做不仅因为我们是孩子的父母，更因为在同一个家庭和社会系统中，我们需要帮助这些系统更好地运行。每个家庭、每个学校、每个组织，都有各种各样的规则和边界，也都有各种各样的平衡和合作。

没有天生的坏小孩，孩子的规则感也并非天生。孩子缺乏规则感，是因为情绪控制能力、自律能力还比较弱，恐吓和贴标签只会加重孩子的匮乏感和羞耻感，引发自卑、恐惧、不信任等情绪。父母只有帮助孩子积极面对情绪，孩子才能健康成长。孩子最需要的是帮助，让孩子从小事中明白社会规则，这是家庭教育必不可少的环节。

重新认识你的孩子

如果孩子拿了别人的东西，该怎么办？父母不要只想着批评孩子，这恰恰是帮助孩子建立物权意识的好机会。那么，让我们一起重新认识孩子吧。

对于三岁以下的孩子来说，他们往往以自我为中心，认为"我看到的都是我的"，因此总是不自觉地争抢、乱拿。这不是因为没礼貌，而是心理特征决定了他们会这样做。

规则感和物权意识发展受限，也会导致孩子没有界限。如果父母平时对待孩子，不明确"你的""我的""我们的"这些概念，孩子的界限感就会很模糊。我经常见到有些父母一开始是拒绝孩子翻看自己的手机和钱包的，但是孩子一哭闹，父母的立场就不坚定了，默许孩子继续翻看自己的东西。这种行为如果延续到社交场合里，就会强化孩子"所有东西，只要我卖萌撒娇，或者持续要求，就都可以拿"的意识。

孩子不知道解决问题的方法。当孩子不会表达自己的需要、不懂沟通时，争抢就变成最直接的行为语言，替代了应该使用的口头语言，最终侵犯彼此的边界。

孩子担心父母不允许。如果父母对孩子的限制太多，什么都不给买，那么孩子看到别人的东西就会想要。

以上只是孩子缺乏规则感的几种原因，背后涉及的问题和知识远不止"如果孩子拿了别人的东西，该怎么办"这么简单。作为父母，面对孩子的每一个不良行为，我们都应当挖掘其背后的原因。即使孩子出现了偷拿别人东西的行为，也不能就此否认他身上的优点。回顾我们的童年，谁不曾出现这些问题呢？然而，随着自身的成长和社交的发展，这些问题不都解决了吗？孩子也需要慢慢成长。

03 / 和孩子定规则的技巧

| 父母需要积极地自我培训

当孩子没有规则感时，很多父母会用威胁恐吓的方式教育孩子，让他遵守规则。比如，"你再不听话，我就让警察叔叔来抓你""你再不听话，我就让护士姐姐给你打针""你再不听话，我就把你的玩具全都扔掉"。对孩子来说，父母的威胁就是不爱自己了，多胎家庭的孩子尤其容易这么想。在父母的恐吓下，规则变得冷冰冰的，成为强制的任务，不再有成长的可能。孩子被迫遵从规则，以达到生存下去的目的。然而，父母也可以积极地自我培训，用规则推动孩子的成长。

有一次，小千和我开玩笑说："朋友的妈妈像唐僧，总爱念叨。"我笑着问："都念叨什么了？"小千说："她妈妈每天都会说1000遍'不'，我耳朵都起茧子了。"

其实，我们可以尝试用一些更有效的方法跟孩子合作。当孩子把水洒得到处都是时，与其说"喝个水洒得到处都是，还要我来清理干净"，不如说"把杯子放下，我们一起擦，下次可以试着把杯子拿稳一点儿"。渐渐地，孩子就会知道洒水很麻烦，需要自己清理干净，而不是害怕父母揍他。

孩子不是"大了就懂规则"，从小讲规则他会更有安全感和秩序感。要想让孩子讲规则、懂合作，父母需要注意这三点：

🏷 预知时间，提前提醒
🏷 指令简单明确，一次只强调一件事
🏷 让孩子体验后果，了解打破规则会怎样

图18 定规则的三个技巧

一个拥有足够的爱又讲规则的孩子，自然不容易出现越界的行为。父母不仅需要培养孩子的规则感，也需要培养自己的规则感。如果父母自身有规则，那么孩子也容易形成规律的生活状态，情绪和行为问题更少，成长节奏也更稳定。

| 好好说话

孩子没规矩，打骂不好使，软硬都不吃？或许父母该试试这么做：

- 亲身示范，父母知道也能做到
- 巧用奖励，精神激励大法超好用
- 避免负面强化，小心越纠越错

图 19　让孩子懂规则的三个技巧

不是约束才是规则，不是强硬才是规则，父母越会好好说话，孩子才越懂规则。自由也不等于放纵。恰恰相反，真正的自由，一定需要边界和规则。就像交通，自由通行不是横冲直撞，而是在安全、有秩序的前提下车辆与行人密切地协作。

| 家庭会议

父母可以组织简单的家庭会议，制定共同遵守的规则，既表达对孩子的尊重，又给予孩子一定的决策权。那么无论多大的孩子，都能够从父母的态度中感受到爱和自由。家庭规则制定得越清晰，越有利于家庭氛围的改善、亲子关系的和谐。

｜时间表

父母在家带娃，最烦恼的就是作息全被打乱。孩子一会儿要缠着父母玩，一会儿又要吃零食。家庭规则一旦破坏，负面情绪和混乱便随之而来，不如一起和孩子做个时间表吧。

孩子普遍对时间不敏感，父母可以用钟表帮助孩子认识时间，还可以把"马上""一会儿"等词语变成具体的几分钟、几秒钟。

饼状图和表格都是很好的制订时间计划的方式。小千的时间表，是由她自己规划和绘制的，我只帮忙写了文字提示。她的时间表基本分为吃饭、做作业、玩耍、运动这几个板块，当然也留有充足的时间让她调整。总的来看，她执行得很好。

觉醒时刻

在亲子互动中,教会孩子规则

为孩子提供真实有趣的互动体验,看似没有营养,实际上对他的规则感的建立十分重要。

父母是孩子最好的玩具,我们可以把电子产品当作我们和孩子沟通互动的媒介,而不是用它们代替养育,才能收获更加亲密的亲子关系,进行更加有效的亲子教育。

打闹游戏、互动游戏、构建游戏、户外奔跑游戏等,都可以和孩子一起玩起来,孩子不会无聊,父母还可以通过游戏教会孩子规则。

第 10 天

第 11 天

建立规则感
和边界感

第 11 天
ⓘ 边界，帮孩子在混乱中梳理

很多父母都有过这样的感受，孩子看上去什么都懂，说起来也清楚明白，但是每当执行时，他总是丢三落四，甚至只要布置两个以上的任务，他就开始磨蹭拖拉，进入和父母的对抗模式。

难道孩子真的天生混乱吗？当然不是。

01 / 孩子是不是天生混乱

| 四个衡量维度

首先，**纵向比较**。父母不能离开孩子的能力范围布置任务，一些比较难的任务，需要孩子达到一定的年龄阶段和发展水平，才逐渐有能力胜任。

3~6岁的孩子可以做好简单的事情：自己穿鞋子，做一些简单的家务。当然，父母需要提醒孩子注意安全问题，不能去碰火、电，不能自己过马路。在孩子入学前，培养这些技能非常重要。

幼儿园到小学二年级，孩子可以完成一些父母交代的事情，比如整理自己的房间，按要求完成作业。

三年级到五年级，孩子可以完成一些稍微复杂的事情，比如买东西、做手工。

六年级到八年级，孩子可以主动帮助父母做家务，还能协助照顾弟弟妹妹或者宠物。这个阶段的孩子已经可以自主规划时间，相对独立地处理好自己的事务。

因此，纵向比较可以帮助父母整体衡量孩子到底是混乱，还是能力尚未达到。孩子是动态成长的，充满着各种可能性。

其次，**横向比较**。父母可以从孩子的同龄人身上，看到一些普遍的"信号"，帮助自己理解孩子究竟处于怎样的阶段。比如，我们的孩子不喜欢阅读，但是他的同学可以自主阅读，还喜欢做手抄报，那么我们的孩子在这方面的能力可能需要加强。比较不一定都是消极的，通过横向比较，父母才能够深入思考和探索孩子真正的优势与不足。

再次，**发展规律**。我强烈推荐父母阅读一些儿童心理学、发展心理学、教育心理学方面的图书，以了解孩子整体的发展节奏，而不是仅仅关注孩子的学习成绩或者某项技能的发展。人的成长会受到很多因素的影响，如教育学中的德、智、体、美、劳，心理学中的情绪、社交、语言、认知、运动等。父母只有深入了解儿童整体的发展规律以及孩子个体的状态，才能知晓孩子究竟处于怎样的阶段，才能给予有效的帮助。

最后，**优势技能**。无论是纵向比较，还是横向比较，抑或是了解儿童的发展规律，我们的目的都不是评判孩子是不是比别人差，而是发现孩子真实的优势和劣势，然后发展孩子的优势，改进孩子的劣势。

| 把大脑借给孩子

通过以上四个维度的观察、比较，很多父母会发现，孩子确实不是真的混乱，而是需要我们的支持。我们可以把大脑借给孩子,帮助他强化自己的优势,改变自己的劣势。但是一定要记住,借了是要还的,千万不能只借不还,父母一定要"不助长、不包办、不替代"孩子的成长。此外,讲故事和视觉化是孩子更乐于接受的教育方式。如果父母能够用视觉化的方式呈现自己对孩子的期待,那么孩子会更容易理解。总之,让孩子获得持续的自信、有效的支持,孩子自然会有执行力、安全感,也更不容易混乱。

02 / 在边界中寻求合作

| 父母怎么做,才能让孩子学会合作

学会邀请孩子。父母要时刻记得,孩子是我们的战友,不是我们的敌人,我们是来支持他、帮助他的。讲对错、论输赢,只会和孩子一起陷入情绪泥潭。随着孩子叛逆期的到来,他的自我意识越来越强大,希望有更多的话语权。如果父母一味地否定他、压制他,他的反抗就会更加强烈。如果父母真诚地发出邀请,那么我们会发现孩子真的愿意合作。当我们看到玩具被乱扔一地时,或许我们可以这样说:"宝贝,我看到地上有很多玩具,我需要我们的家变得更整齐,我希望你能够把它们收起来。如果你需要妈妈的帮助,我们可以一起收拾。"

学会接纳孩子。哪里有压迫，哪里就有反抗。我们都喜欢听温柔的话语，孩子也是。如果孩子感受到的是父母对自己的信任，那么他自然变得值得被信任。如果孩子感受到的是父母对自己的爱，那么他自然变得值得被爱。如果孩子感受到的是父母对自己的厌倦，那么他就会觉得自己毫无价值。父母学会接纳孩子，孩子才能感受到我们的温暖。身体"连接"可以帮助我们充分感受孩子的情绪。当孩子遇到困难时，我们可以抱抱他，对他说："你辛苦了，我们可以一起想办法吗？"

培养合作精神。很多父母找我咨询时的第一句话往往是："晴天妈妈，我怎么才能改变我的孩子？"我们的目的是解决问题，不是解决孩子。改变孩子看似是一个直接的方法，但是充满了为人父母的傲慢。身为父母，我们需要最大限度地给予孩子尊重和自由，学会和孩子合作，舞台和赛场属于他，我们只是支持、引导他的教练。

03 / 发掘孩子自身的力量

每个孩子都是一辆超级跑车，如果父母一直坚持用自己的力量推动孩子前进，那么这辆跑车跑得再快也永远不知道怎么启动发动机。当我们相信孩子时，他不行也行。这就是心理学中的自我实现预言。社会心理学家罗森塔尔做过一个实验，他把一群孩子随机分成两组，对第一组孩子的家长说，这些孩子非常有天赋，未来一定会表现卓越；对第二组孩子的家长什么也没有说。多年之后，第一组孩子真的比第二组孩子表现优秀。希望每一位父母都能发自内心地相信孩子真的行。

父母除了激发孩子内在的力量，培养他的成长型思维也至关重要。我们会发现，有些孩子，即使遇到了很多困难，也依然乐观，依然积极地寻找解决方法，甚至越挫越勇。不是因为他们天赋异禀，而是因为他们具备成长型思维，相信通过自己持续的努力，最终一定能成功。

| 正面强化，给孩子赋能

孩子"我相信我可以"的背后，需要父母做到正面强化，给孩子赋能。

确认。只要我们发现孩子身上的一处优点，就一定要不断确认，直到把它变成孩子的优势。比如，孩子终于有一天主动收拾了玩具，我们可以对他说："你今天主动收拾玩具了，自己的事情自己做，我真为你感到骄傲。"

表扬。父母千万不要忽视表扬的作用，发自内心地用眼神、微笑、拥抱等表达我们对孩子的赞美，孩子会感到莫大的鼓励。真诚的表扬，不同于物质贿赂。真诚的表扬，是父母认为孩子真的很优秀。而物质贿赂，是父母给孩子的东西很诱人。只有真诚的表扬才能正面强化孩子的行为，帮助孩子养成良好习惯。

让爱流淌。爱是流动的，有时父母对孩子的爱很热烈，有时又很淡然；有时恨不得把所有时间都奉献给孩子，有时又想逃离；有时感觉孩子特别优秀，有时又感觉他很一般。那么，就让我们真实的感受流淌出来，虽然我们很爱自己的孩子，但是有些时候我们确实是自私的、狭隘的。父母越真诚地面对自己的感受，孩子越能感觉到彼此之间的爱和力量。

小千平时都是20:30睡觉，有一次，快22:00了她还不睡。哄她睡觉时，我有点儿疲惫，想到22:00还要讲课，内心更加焦虑。我便对她说："妈妈22:00要讲课。因为你睡晚了，我花了很多时间陪你，所以我感觉今天讲课的状态可能会不好，有点儿难过。"小千说："妈妈，你会因为这件事情不爱我吗？"我很真诚地回答她："我很爱你。不管你做什么，我都会爱你，但是今天的事情确实让我有些不舒服。我爱不爱你，跟我舒不舒服，是两件事情。"从此以后，小千不仅会提醒自己早睡，还会提醒两个弟弟早些上床睡觉，配合我的时间。假如我当时把小千大骂一通，估计不可能收获这样的惊喜。

延伸阅读
亲子合作前的注意事项

倾听。 倾听不只是去听孩子说了什么，还包括通过观察孩子的行为、情绪等，综合判断孩子的状态。

预知。 预知必须建立在父母对孩子足够的陪伴和深入的了解之上，只有这样，我们才能尽早发现问题，处理问题。

及时。 第一次发现孩子的问题行为时，父母就应该及时进行处理。因为孩子一旦形成坏的习惯，我们就很难去改变。

简单。 一次只给孩子布置一个任务，尤其是六岁以下的孩子。因为孩子的能力有限，任务过多，反而不易操作。

榜样。 当你忍不住想要打骂孩子时，你会想起谁？他带给你怎样的精神力量？

记录。 父母不要忽略每一次的自我怀疑及其带来的思考，所有这些消极的、积极的自我对话都是非常宝贵的，当你静下心来回顾时，一定会有不一样的收获。

确认。 当父母跟孩子沟通重要问题时，一定要确保此时此刻你是冷静的、理性的。

拖延。 如果你此时正处于情绪不佳的状态，那么不如给自己一些时间，可能会找到与孩子合作更好的方法。

第 12 天

打造终身受益的
　　　　微习惯

第 13 天

第 12 天
ⓘ 时间管理，帮孩子从容不迫

时间管理，本质上就是"情绪管理""人生管理"。

父母能做好选择，更好地为自己负责，才能帮助孩子看清自己的路。这也是孩子应对未来必备的底层能力。

01 / 孩子变慢的原因

| 一个爱拖拉的孩子背后，总有一个事无巨细的家长

阿德勒在《儿童的人格教育》一书中，说过一句很经典的话："一个有拖延习惯的儿童背后，总有一个事无巨细为其整理收拾的人。"

每个人都喜欢舒适的境况，无论发生什么事情，都会有人帮忙，不用自己辛苦处理。孩子也一样，因此经常会有一家人围着孩子转的情况。

父母对孩子疼爱有加，不愿意让小小的他受累，因此什么事都要替他做好。饭有人喂，鞋子有人穿，衣服有人穿，喝水也有人帮忙，既然可以享受这种毫不费力就拥有的"幸福"，孩子当然愿意"坐享其成"。随着时间的推移，孩子不知不觉中就养成了衣来伸手、饭来张口的习惯。

还有一种情况，父母看不惯孩子做得不好、做得不对，觉得孩子还小，一时心急便都替他做了。面对这样的情况，孩子的内心自然就会产生这样的想法："反正爸爸妈妈都替我安排好了，我就不用管了！"

不论是成人还是孩子，都会有依赖思想。如果父母总是越俎代庖，孩子就会觉得"反正我做不做都没关系，总会有人帮我做的"。

| 孩子磨蹭的深层原因，不只是你想的那么简单

很多父母觉得孩子磨磨蹭蹭，怎么说都不动，更别提自觉了。"越唠叨，越不自觉"背后可能有以下几种情况：

🏷 父母的需要，和孩子的期待不一致
🏷 孩子没听到，专注于自己的事情
🏷 父母唠叨过多，孩子自动"屏蔽"

图 20　孩子磨蹭的深层原因

如果是第一种和第三种情况，那么父母应该更好地和孩子沟通合作，先解决亲子关系存在的问题，再对孩子提要求。如果是第二种情况，那么父母要尽量避免打扰孩子，让孩子能够专心玩耍，这将对孩子日后的学习有很大的帮助。

孩子拖拉不是问题，问题是父母如何应对。父母发自内心地了解和接纳孩子，降低自己的期待，对孩子表达尊重、传递爱，孩子就会越来越向上生长。

当然，每个孩子的性格不一样，造成拖拉的原因也有很多种。

自律不是听话，是延迟满足、自我驱动、目标感、价值感、成就感的统一。对孩子来说，做到自律需要调动足够的情绪和认知资源，只有了解孩子的专注力水平、兴趣爱好、情绪状态，才能引导他自律。喜欢的事情投入做，不喜欢的事情努力做，让自己平衡和舒适，才是自律的目的。

| 习惯的力量

世界上不存在两片一模一样的树叶，更不可能存在两个完全相同的孩子。即使是双胞胎兄弟，他们的性格也不可能一样。那么对于不同性格的孩子来说，他们做事磨蹭的原因也各不相同。

很多孩子做事拖拉，并不是性格使然，而是习惯问题。我们要让孩子养成"遇到事情，立即处理，决不拖延"的习惯。孩子的习惯养成离不开他从小生活的环境，其中家庭环境、学校氛围等都能对孩子的性格塑造产生影响。

研究发现，要想取得巨大的进步，养成良好的习惯非常重要，尤其是微习惯。当我们用心培养孩子日常生活中的微习惯时，我们将会以一种非常可靠的方式、一种不会反弹的方式、一种不想放弃的方式达到我们想要的结果。

我们不需要翻天覆地的改变，不需要提升意志力，只需要用心设计好这个微习惯。不要高估一天的进步，也不要低估一年的成长。帮助孩子养成一个好习惯，才是我们送给孩子终身受益的财富。

02 / 管理时间的高效方法

| 制订时间计划

"凡事预则立，不预则废。"人生有规划，年年有计划，每月做好安排，每周打算清楚，今日事今日毕。懂得制作计划表，能够培养孩子处理复杂信息、规划生活的能力，不仅能锻炼孩子的大脑，而且对他的学习、成长和融入社会也大有裨益。

时间计划一定要根据孩子的心愿单来罗列，把孩子想做的事情列在第一位，千万不要以大人的想法强行干预孩子的计划。父母可以一起参与讨论，提出修改意见，但不能以父母为准。

如果孩子提出的愿望无法实现或者明显不合理怎么办？这个时候，我们就要引导孩子看到更多可能性，进行调整。比如，孩子想每天玩两个小时的电子游戏，可能有些不合理，那么我们可以跟孩子商量，增加一个孩子感兴趣的项目。

关注家庭教育问题的高取志津香说，人类的时间感是由大脑的海马体决定的。成人的海马体在长时间的刺激下，已经建立了时间感，比如，我们大致知道五分钟有多长。

而孩子的时间感和成人不一样，幼儿园和小学低年级的孩子并没有清晰的时间感。有朝一日孩子长大成人，当他回忆童年时，他记住的不会是被父母安排的无休止的课外培训，而是按照自己的意愿做的事情。规划和弹性，方向和自由，本来就是一件事。

| 划定时间边界

如果父母觉得和孩子在一起会消耗很多时间，那么一定要明确边界问题，哪些时间可以陪伴孩子，哪些时间不能陪伴孩子。倘若父母希望孩子在学习上有自驱力，就一定要把学习的主动权、控制权还给孩子，让孩子意识到学习是他自己的事情，而不是父母的任务。

当孩子明确了自己的学习时间时，他自然会把事情处理好。父母也要转变角色，把时间用在驱动自身成长上，为孩子做好榜样。

多胎家庭，也可以尝试培养"老大"的时间感和边界感，通过"老大"来带动"老二"。此外，固定时间做固定的事情，会让孩子产生掌控感。这就是为什么大多数孩子不喜欢惊喜，不喜欢陌生的环境和人，因为会让孩子产生不确定感、不安全感。划定时间边界，会让孩子有一定的心理准备。

03 / 让时间管理成为一生的习惯

| 刻意练习

父母要想培养孩子的好习惯，最重要的是给孩子设定好小目标，让孩子愿意坚持下去，而不是强迫孩子必须在短期内做到。大文豪也是从小练笔或者从写日记开始创作的，不是一下笔就能完成10万字的巨著。人一天只有24个小时，只有张弛有度，像健身一样持续坚持，才能形成肌肉记忆。对于孩子来说，即使他在某个方面非常有天赋，也需要持续训练。

我有一位作家朋友，女儿六岁时，他就开始引导她观察生活。下雪时，他会问女儿："雪花是什么颜色的？你是怎么看待的？雪花给你带来怎样的感受？"父女交流之后，他会帮女儿整理一下。就是这种日常的对话练习，成就了女儿的写作优势，让她爱上了写作,并最终成为知名的作家。

畅销书《异类》的作者马尔科姆·格拉德威尔认为,人们眼中的天才之所以卓越非凡,并非天资超人一等,而是付出了持续不断的努力。只要经过一万小时的锤炼,任何人都能从平凡变成超凡。他将甲壳虫乐队和比尔·盖茨的成功作为"一万小时定律"的重要论据。

甲壳虫乐队成名时,他们已公开表演1200次,表演时长将近一万个小时。格拉德威尔认为,甲壳虫乐队的这些表演一直在塑造着他们的才华,这是他们成功的关键。而比尔·盖茨13岁时就开始使用计算机,在编程上花费了上万个小时,因此也符合"一万小时定律"。

实际上,从来不存在教条的"一万小时定律",它是心理科学研究的一次演绎而已。当然,量变引起质变,基础练习的确非常重要,但是要有更多的刻意练习和调整强化,才能让自己真正有所提升。

| 肌肉记忆

孩子的习惯可以变成肌肉记忆。比如,刚学步的孩子走路不稳,而成人闭上眼睛依然可以走得很好,就是因为走路已经变成我们的肌肉记忆。大脑和肢体一样，一直在被我们塑造。

持续强化某一大脑神经元的连接，孩子就会把这个"套路"刻在自己身体里。记忆足够深刻时，孩子就可以一心多用，甚至投入创造性的工作。人们可以一边听音乐一边走路，就是因为走路已经变成肌肉记忆，分心听音乐并不会增加我们的困扰。

肌肉记忆的强度不同，对孩子的影响也不同。如果我问大家1加1等于几，那么所有人都知道等于2，甚至上小学的孩子也不会答错，因为这已经成为我们的标准化记忆。如果父母也以这样的方式培养孩子的习惯，那么养育会更加轻松。

比如，培养孩子的学习习惯，让孩子养成每天回家先写作业的习惯，写完作业后玩半个小时，接下来是阅读时间，渐渐地这些就会变成孩子的肌肉记忆，孩子会自觉地去做。

| 适度奖励

孔子参观鲁桓公之庙，看到那里有一个器皿设计得十分巧妙，就问守庙的人说："这是什么器皿？"守庙的人回答说："这是置于座位右侧以警戒自己的器皿。"孔子说："我听说这种器皿，空了就会倾斜，满了也会翻倒，不空不满反而端正。"他回头对学生说："灌水进去试试看吧！"于是，学生便舀了水灌进去。果然，不空不满时器皿是端正的，满了就会翻倒，水倒空了就又会倾斜。孔子感慨地说："唉，哪里有灌满了而不翻倒的呢！"

从教育学的角度来说，不仅水满了会溢出来，奖励也有"超限效应"。过度的奖励反而没有效果，一定要适可而止。很多父母为了让孩子保持积极性，都爱用物质奖励。孩子做了家务、考了好成绩，都会给钱或者买玩具。这种物质刺激短期内立竿见影，但之后就不管用了。即使加大奖励额度，还是效果甚微。

其实不是孩子不爱物质刺激，而是物质刺激越多，产生的干扰效应就越大。孩子大部分注意力都被物质吸引，反而会表现变差。

孩子好习惯的养成，当然离不开刺激，但不是过度刺激，而是适度刺激。如果孩子独立完成了作业，那么父母适度地鼓励就可以了。如果父母在培养孩子一个重要的习惯，比如阅读习惯，那么我们可以给他一些代币或者积分奖励，让他知道他做得很好，一定时间周期之后，阅读就成了孩子的肌肉记忆。

这方面我们应该像游戏学习，实时反馈、投入情感、专注吸引、长期复利，让孩子更喜欢做事的过程，而不是物质奖励。

家庭现场
闹钟时间

有一次，我准备带三个孩子出门，但是他们仍然沉浸在玩耍之中，丝毫不在意我到底说了几次"要出门了"。

我说："妈妈已经准备好了，我定了两分钟的闹钟，还可以等你们120秒。"

小千说："闹钟响之前，我一定可以穿好衣服。"

小万、小亿一脸迷茫。

小千迅速穿好了衣服，扎好了辫子，来到门口换鞋。

我说："小万、小亿，姐姐在楼道里等你们了。"

此时，闹钟响了。

小万、小亿异口同声地说："来了来了。"

小万已经穿好了衣服，在门口戴口罩。

小亿扭扭屁股说："我不舒服，这个衣服穿起来好难受。"

我说："来，妈妈帮你调整一下。"

此时，闹钟又响了起来。

小亿噘着嘴说:"妈妈,对不起,我浪费了大家的时间,你们等我等得满头大汗。闹钟都响两次了。"

小万说:"没关系,我们知道你不舒服,我帮你拿了手套,我们一起加速吧!"

我说:"闹钟只响了两次,我们就准备好了,比上一次少了一次'闹钟时间'。小亿还克服了衣服的不舒服,你们三个合作得真好。"

此刻,小千已经在门口把三辆滑板车准备好了,真是一个愉快的合作日。

比起催促和讲道理,父母要尽量用积极的语言和行动帮助孩子进步,一起合作,才能更好地与时间赛跑。

第12天

第13天
打造终身受益的
　　微习惯

第13天
ⓘ 不沉迷，帮孩子找到
　积极的娱乐习惯

很多父母吐槽孩子沉迷电子产品。别说孩子，父母、老人现在都离不开电子产品。有的孩子才七八岁，就开始半夜悄悄地在被窝里玩游戏，真是让人头疼。

2021年，共青团中央维护青少年权益部、中国互联网络信息中心联合发布的一项数据显示，我国62.5%的未成年网民经常在网上玩游戏，13.2%的未成年手机游戏用户在工作日玩手机游戏日均超过两小时。

孩子是"数字原住民",在数字媒体的环境中成长,这是不可逆的时代趋势。科技当然带来了便利,但是一旦孩子从使用工具变成依赖工具,甚至沉迷其中无法自拔,必然影响身心健康。

01 / 孩子沉迷电子产品,有多可怕

过度沉迷电子产品,无疑会让孩子"脑残",数字化会扼杀孩子的智力发展。长时间沉迷电子产品的孩子,会发生脑萎缩,在书写、运算和阅读等方面表现出来的能力比同龄的孩子低很多。

沉迷网络也会让孩子失去边界感,挥金如土。山西省一个12岁的女孩,玩网络游戏花光了妈妈的治病钱;西安市一个12岁的男孩,玩网络游戏两个月内花光了妈妈攒了6年的2万多元;安徽省一个9岁男孩,一个月内花光了妈妈借来还房贷的13万元。一个个"败家子"背后,是父母的血泪和家庭的崩塌。

电子产品中即使没有出现暴力镜头,过度使用也会增加孩子的情绪化和暴力行为。如有些网络游戏会诱导心智不成熟的青少年走向极端,甚至犯罪。

02 / 孩子的沉迷背后是家庭的病态

网瘾少年背后都有一个"生病"的家庭。我接触过一个网瘾少年伟伟，他曾是一个性格乖巧、成绩优异的孩子，五岁时父母离异，父亲离家打工，父母很少来往。伟伟跟着爷爷生活，与父母的沟通极少。但在孩子的心中，母亲的分量一直很重。后来，母亲执意要送他去寄宿学校，伟伟产生了逆反心理，接触网络游戏后便沉溺其中。

我在网上看到一条孩子关于网络游戏的评论，让人心酸："网络游戏里素未谋面的游戏伙伴，比自己的爸妈更了解和关心我。"亲子关系的扭曲，会让孩子想方设法在其他地方寻找替代品。而虚拟世界无处不在的入口，就成了他们寻找存在感的地方。归根到底，还是亲子关系出现了问题，孩子感到情感缺失，就用游戏代偿。

此外，孩子的模仿能力特别强，如果父母常常电子产品不离手，那么孩子一定会对电子产品产生浓厚的兴趣。曾有网瘾孩子在受到父母提醒和管教时，对网瘾父母提出灵魂拷问："你能天天玩，为什么我不行？"如果希望孩子不沉迷，那么必须得父母"打样"。很多父母只是单方面地要求孩子，而不愿意改变自己。

也有的父母平常工作忙，不能陪孩子一起玩耍，不能给孩子讲故事，也不能去户外体验亲子时光，孩子自己在家无所事事，便玩起电子产品，这也真是"百因必有果"。

03 / 孩子电子产品不离手怎么办

| 第一招：物理隔离，减少直接诱导

美国儿科学会建议：

（1）不推荐18个月以下的孩子看任何电子产品。

（2）如果父母实在没有时间陪孩子玩耍，也尽量不要打开电视，而应该在能监看到的情况下，让孩子自己玩玩具。比如，妈妈做饭时，可以让孩子在附近的地板上玩玩具。

（3）不要在孩子的卧室放任何电子产品，包括电视机、电脑和手机等。可以跟孩子约定好，在固定时间使用电子产品20分钟，孩子慢慢也会形成习惯——我应该在固定的时间、固定的场景下，去看固定的内容。

同时，父母也要保证孩子每天不少于两个小时的户外活动和不少于20分钟的亲子高质量陪伴。

父母越疲惫和懈怠，越容易把孩子交给"电子爸妈"，因为心有余而力不足！父母自己的状态，比怎么教育孩子更重要，给自己充电，彼此加油。

| 第二招：多多玩耍，高质量互动

父母是孩子最好的玩具，和孩子一起玩起来，孩子不无聊自然就想不起来玩电子产品了。对于大龄孩子，广泛的兴趣、丰富的社交、深刻的友谊都是预防沉迷电子产品的有力助手。

| 第三招：优选内容，适度升级

不是完全不让孩子看电子产品，而是不让孩子看低劣的内容。低劣的内容对孩子的伤害很大，因此父母一定要选择适合孩子观看的优质内容，比如优质的纪录片、动画片，甚至互动感很强的游戏。

父母一定要做好孩子的第一道把关员和审查员，提高孩子选择信息的能力。良好的媒介素养，是"数字原住民"的核心能力。

第四招：防沉迷，警惕"一刀切"

游戏的吸引人之处是：即时奖励，容易满足；引入竞争，有挑战感；虚拟社交，有连接感。虽然孩子容易失控，但是父母一定要有所作为。

孩子的成长总会有"痴迷"，无论是兴趣爱好，还是追星娱乐，抑或是游戏运动。即使是古代，也有人沉迷斗蛐蛐，每个时代都需要娱乐。何况作为"数字原住民"的当代孩子，他们的未来总离不开科技和娱乐。完全不接触，不太可能。

金钱教育前置

别让孩子用父母的账号消费，提前建立认知价值和边界。

重视同龄人社交

帮助孩子建立积极的社交关系，同伴的影响力很重要。

觉醒时刻

学会放手

有位妈妈，孩子刚满月她就来找我咨询，一直持续到孩子三岁。

她的孩子隔三岔五就闹毛病，如发烧、肺炎、扁桃体炎、过敏性皮炎、发育迟缓等。

我第一次碰到这种三天一小病、半月一大病的孩子。有些问题真的是身体不适，有些问题医生也查不出原因。

孩子两岁多时，曾陷入过"不让看手机就哭，看手机又让人担心"的恶性循环。

这位妈妈哭着说："别人家的孩子都好好的，我怎么就带不好呢？"

当然，她非常爱自己的孩子，但是太焦虑了。孩子的爸爸因为工作需要常年出差，爷爷奶奶年迈又需要人照顾。这位妈妈全职带孩子，非常辛苦，自然也非常焦虑，有时想让自己轻松一会儿，给孩子看会儿手机，又觉得愧疚。

我建议她，别总关注给孩子买什么、学什么、玩什么。孩子上幼儿园了，自己也美美容，逛逛街，找朋友聊聊天。

一开始这位妈妈还纠结是不是孩子有问题，后来慢慢松弛下来，孩子看手机的问题便得到了缓解。

在孩子上幼儿园之后，这位妈妈自己的时间就多了，于是一直坚持学习，而这时老公也结束出差回家帮忙了。渐渐地，孩子的身体越来越好了。

她高兴地向我报喜说："小时候是'问题孩子'，长大了像突然变了个人。"

我说："你以前像个陀螺，现在像变了个人。"

问题的答案，在问题开始的地方。很多事情不是大问题，但是需要父母自己有力量，才能和孩子一起想办法。

第14天 复盘日

★ 从"监工"到"合伙人"

"合伙人"是父母跟孩子之间更具成长性的一种关系。从生命"合伙人"、成长"合伙人"到教育"合伙人",父母跟孩子的合伙是终身制的。而玩法养育,是父母育儿路上最有用的工具,让孩子快乐地成为自己喜欢的样子吧!

★ 建立规则感和边界感

为什么要让孩子知道家里也有规则,父母也有边界?在亲子互动中,有哪些技巧可以培养孩子的规则感和边界感?

★ 打造终身受益的微习惯

了解孩子磨蹭的深层原因,帮助孩子建立时间管理意识,教会孩子时间管理的小妙招,让孩子养成良好的习惯,学会合理安排学习和娱乐,从而每天都过得充实有意义。

Part III
培育底层能力

激活孩子的
自尊感

唤醒孩子的
自驱力

升级孩子的专注力

> 第 15 天
>
> 第 16 天

激活孩子的自尊感

第 15 天

ⓘ 学会夸赞，培养孩子的成长型思维

从小到大，我们每天都收到太多的负面评价：不够美、不够强、不够酷……孩子对自己最初的认知和评价都来自父母，甚至会本能地取悦父母，以获取更多的关注和偏爱。但如果为评价所累，孩子长大就容易强迫自己迎合所有人的标准，浪费自己的生命在"让别人高兴"上。不少看上去很厉害的人，一旦陷入低自尊状态，心理资本就会特别弱，容易低估自己，在关系里变得取悦讨好，往往容易受到伤害。

"我不会""我不懂""我不行""太难了"……不管是成年人，还是孩子，这些最早的"内部"对话，慢慢就会变成自动化的内在模式，就像手机的出厂设置一样，成为成长的"囚笼"。

自我认可、保持热爱、勤奋努力才是成功的基础。

如果你恰巧是低自尊的父母，那么一定要记得：逃避很容易，"甩锅"给其他人也可以，但是成长的机会就在那里，你是可以选择的。如果父母内心强大，孩子就更容易内心强大。

01 / 不乱给孩子贴标签

| 孩子不是有毛病，只是有点儿特别

我们的大脑特别喜欢贴标签，贴标签可以让我们快速做出判断，思考则需要消耗很大的能量。然而，身为父母，我们给孩子贴标签的行为会让孩子的内心变得脆弱。其实，在亲子关系里，父母爱孩子的同时，也存在着错爱，甚至可能会造成无意的伤害。

很多时候，父母可能真的意识不到：不是孩子有毛病，而是父母自身的情绪经验和互动模式，无法给他支持和示范。这样的孩子长期处在孤立无助的荒漠里，还要被父母指责"不正常"，以至于越来越崩溃，终于"有病"了。这个时候，父母尖叫着"我早就觉得……""我能做的都做了""我为你付出了一切"。

请父母记得：你拥有一个全世界独一无二的孩子。他和你密切相关，如果你不站在他的身边，他就会和全世界越来越远。"盲目"地爱、信任、支持你的孩子吧，他只是"不一样"，他只有特点，没有缺点。

在咨询中，我发现了一个规律。一些父母特别期待我能够帮助他们确认"我的孩子就是有××问题"。如果是孩子的问题，一切就会变得很容易，因为"那是孩子的错"。如果孩子是多动症或自闭症，那么孩子的情绪问题和各种"坏"行为就不是父母的责任了；父母自身的成长能力，给孩子提供的抚养环境、陪伴方式等，也与孩子的问题毫无关联了。

事实上，绝对意义上的问题儿童没有那么多，而且也不是每一个"坏"行为都对应着一个教科书级别的"问题"。贴标签是最容易的，它可以把孩子放进一个个"问题之框"，用简单粗暴的方法解决。这些父母都必须承认一个事实，是他们给孩子的陪伴太少、理解太少，也不会给孩子做出正确的示范，却妄图让孩子变得完美。"都是你的错"类型的父母，在亲密关系和家庭关系中往往是"受害者"。

个体和环境是相互作用的，个体可以选择环境，也可以塑造环境。为人父母，真的需要和孩子一起成长。

| 学会理解和支持孩子

我们养孩子，贴标签、判对错、论好坏这些"错杀"行为，尽量别干。睁一只眼闭一只眼，不是忽视和纵容，而是弹性和容错。帮孩子在问题里发现优势，孩子的好会被放大。比起报班培训，父母愿意欣赏和接纳真实的孩子，更能换来孩子真正的成长。

幸运的孩子，总是被信任、被鼓励、被支持，把父母对自己的爱，转化为追逐远方的力量。

父母越鼓励，孩子越自信；父母越支持，孩子越勇敢；父母越允许，孩子越自律。

鼓励的本质是理解，重点不在于父母夸奖的内容和方式，只要孩子发自内心地感受到理解和支持，孩子就会获得力量。鼓励也是父母对自己和孩子的双重信任，安全感、可控感、自主感、内驱力，这些是获得信任的自然结果。不过，鼓励不能盲目，需要注意方法，即真诚和具体。

别做孩子的差评师。当孩子在自己的人生赛场比拼时，打击和批评只会分散他的心智资源。父母只需要帮助孩子找到自己，在旁边呐喊鼓掌就足够了。

02 / 拿着放大镜，帮孩子接纳自己

| 父母越不接纳孩子，孩子越输不起

在生活中，如果父母对孩子的要求总是很苛刻，那么对孩子来说，面对父母的评价就是可怕的。"孩子你只需要好好学习"，在父母的考核之下，孩子只能一次次撒谎，享受虚幻的爱和肯定。这也是为什么从小输不起的孩子更容易撒谎、虚荣。

给孩子无条件的爱，不是放弃孩子的成长，也不是没有期待，而是坦然接纳孩子的表现，无论他和你的期待有多少距离，都能让孩子感受到"我爱你，虽然你和我期待的不一样"。

输得起的孩子，才能赢得了。

| 多胎家庭如何接纳每一个孩子

我曾遇到一位妈妈,她的大儿子智商很高。这位妈妈说,大儿子从小就特别专注,六岁就进了超常少年班。小儿子平平无奇,别说数独迷宫了,连书都不爱看。她觉得孩子们有差异很正常,但是老人不这么看,他们经常对小儿子说:"看看哥哥,你怎么这么不努力?不是一个妈生的吗?"弟弟压力很大,总是闷闷不乐,还哭着说:"我就是不如哥哥,我不是你们亲生的。"

其实,不同孩子之间的差异非常大。即使是同卵双胞胎,在专注、自控、兴趣等方面也存在差异,何况是年龄相差几岁的兄弟。接纳同一个妈妈生的孩子也有差异,接纳每个孩子都有自己的特质,妈妈才能真正找到孩子的"成长按钮",在积极的欣赏、肯定和支持下,帮助每个孩子更自信地成长。

| 接纳孩子,是为了更好地帮孩子解决问题

有的孩子天生自信大胆,有的孩子天生敏感。高敏感的孩子容易害怕别人的负面评价,也容易焦虑和紧张。其实,孩子的敏感不见得就是缺点,背后的细心便是优势。因此,可以说,孩子没有缺点,只有特点。

接纳，不是全盘肯定，而是接受孩子所有的体验和情绪，再帮助孩子应对需要面对的问题。比如，当两个孩子为争夺玩具而打架时，玩具被抢而失望是孩子真实的感受，父母应该先解决孩子的情绪问题，再告诉孩子打架是否正确，以及如何正确应对冲突。只有真正看到和接纳孩子的感受，问题才能更好地解决。

父母可以从以下几个方面帮助孩子接纳自我，收获自信：

（1）不逼孩子。越放松，越自由，越自信。

（2）接纳孩子的焦虑和紧张，允许孩子自我怀疑，甚至自卑。和孩子分享我们自己类似的经历，帮助孩子接纳正常的情绪。

（3）转化孩子的情绪。焦虑和敏感可以让大脑在压力状态下集中注意力，会表现得更好，想办法帮助孩子把压力变成动力。越焦虑，越努力；越自卑，越超越。

（4）为孩子点赞，让孩子明白"不管什么结果，我都爱你"。

（5）越成功，越自信。帮助孩子积累成功的经验，拥有一两次战胜焦虑、实现目标的经历，孩子就会明白该怎么应对问题。失败不是成功之母，成功才是成功之母。帮助孩子在小事情上持续获得成功，自信心可以增强解决问题的能力，这种能力还可以迁移到其他领域。

03 / 让孩子参与解决问题的过程

| 成长型思维模式

著名发展心理学家卡罗尔·德韦克提出了两种思维模式：固定型思维模式和成长型思维模式。拥有成长型思维模式的孩子，认为自己的成绩来源于自身的努力。

而拥有固定型思维模式的孩子，往往认为"我的聪明是天赋使然"，从而慢慢演变成"我已经很完美了，不需要再努力完善自己了"。成功的密码往往是"聪明＋努力"，固定型思维模式的孩子有着先天的硬伤。

因此，父母在与孩子的互动中，要夸奖孩子的努力，而不是夸奖孩子的成绩；要夸奖努力的过程，而不是夸奖最终的结果；要具体地夸奖孩子，而不是泛泛而谈。渐渐地，孩子就会明白，只要我努力，就可以做好。

六岁以下的孩子对自身和外界的认知，都来自父母。父母每一次夸奖孩子、批评孩子，都在"我是一个什么样的人"这个空格里为孩子填空。作为父母，我们要多用爱的眼光发现孩子，发自内心地夸奖孩子，孩子就会感受到力量，愿意尝试新的事物。

| 培养孩子解决问题的能力

解决问题的能力是一项非常重要的能力，在学习过程中尤其如此。当孩子能够独立面对问题，愿意接受挑战时，他遇到任何问题都会想"试一试，或许就有答案"。一个具有解决力的孩子，总是愿意面对难题，能够把问题各个击破。那么，怎么提升孩子解决问题的能力呢？

让孩子自己解决问题

放手让孩子自己解决问题，比这个问题是否被完美解决更加重要。很多父母都遇到过这样的场景，孩子写作业时总是磨磨蹭蹭，明明很简单的题，很快就可以算出答案，他一会儿抠抠手指，一会儿说要喝水，一会儿又要上厕所，总之不愿意做题。这时，有的父母会说："来，妈妈教你。"父母越是这样做，孩子就越拖延，最终陷入死循环。

学习是孩子自己的事，在这个过程中，父母只是帮手，不是替身。如果孩子遇到的困难比较大，那么父母可以协助，但是最终一定要让孩子自己解决。孩子通过一次次练习，能力也就增强了。父母一定要学会放手，至少把手伸得晚一些、少一些，哪怕孩子做得很慢、做得不好，这个成长过程是不能被逾越的。

一定要允许孩子犯错

要提升解决问题的能力，是需要孩子不断练习的。在这个过程中，孩子会积累经验，越挫越勇。如果父母不允许孩子犯错，"我要拉他一把，让他少走弯路"，那么孩子的基础能力和探索欲望就会被压制。只有孩子自己愿意不停地试错，他才能有第一手的经验，未来的路才会走得更好。

多元思维，学会举一反三

事物的发展是有规律的，父母需要引导孩子在解决问题的过程中，学会总结规律。比如，在做加法题的时候，我们可以挑出有相同规律的三道题，和孩子一起讨论："这三道题真有意思，你说1加1等于2、11加11等于22，那么111加111等于多少呢？"其实，各个学科都是有规律的，在父母引导孩子不断探索的过程中，孩子的逻辑推理能力、解决问题的能力都能够得到提升。我们还可以把孩子总结出的规律制作成小卡片，贴在显眼的位置，帮助孩子记忆。

鼓励孩子学会协作

孩子遇到问题时，父母告诉他可以求助，"你希望妈妈帮你做点儿什么吗？""这个问题可以和同学聊一聊"，孩子自然就会知道，"有些事情我可以应对，有些事情我处理不了"。会合作的孩子更容易接纳自己、欣赏别人、融入团队，不容易有执念。

觉醒时刻

你的孩子是"爱大"的吗?

仔细观察我们周围,那些勇敢、自信、坚强、乐观的人,往往拥有高自尊,不讨好别人,不压抑自己。

考上清华北大,都不如让孩子是"爱大"的。

一个被爱大的孩子,做什么都觉得自己很好。

一个被骂大的孩子,做什么都觉得自己有错。

父母可以尝试这样爱孩子:

(1)鼓励孩子的特点,而不是用别人之长,打击孩子之短。

(2)赞美孩子的努力和付出,夸出孩子的成长型思维。

(3)帮孩子发展自己的优势,助他获得更高的价值感。

第 15 天
第 16 天
激活孩子的
自尊感

第 16 天
ⓘ 管理亲子关系中的未满足期待

01 / 觉察你的期待

萨提亚"冰山理论"表明，借由观察自己在特定情境尤其是压力状态下的行为和应对方式，人们可以进一步探索更深层次的内在体验，包括感受、观点、期待、渴望和自我。了解"冰山理论"之后,我们看待一个人的行为时,就不会停留在表面,而能够看到他行为背后的心理需要。

亲子关系的本质是合作,父母是孩子的"合伙人"。父母有期待,孩子也有需求,重要的不是输赢、对错、好坏,而是"我们要一起面对这个问题"。好父母团结一切力量帮助孩子发展,而不是彼此消耗。让孩子把时间消耗在与父母的对抗上,还是自我成长上,答案是显而易见的。

孩子总会成为他自己,阻力越大,反抗就越明显。父母以为的"为你好"的付出感,在孩子眼里都是"控制我"的霸权主义。辱骂、责备、道德绑架……孩子成为自己太难了。

没有那么多的输赢、对错、好坏,"他是他,尽管你爱他"就是亲子关系的真相。你的付出、你的期待、你的梦想,播种的时候都是有价值的,收获的时候就不要强求了。种子很强大,成长过程中是会自我更新的。

02 / 未满足期待的处理方式

在亲子关系中,一旦孩子触碰到我们未满足的期待,我们就会感到愤怒或者悲伤，指责、讨好甚至暴力的行为模式就会出现。这些未满足的期待像一堵墙，阻碍了我们与孩子真正地连接。只有放下这些未满足的期待，我们才能放手让孩子自由成长，负起自己人生的责任，这也是为人父母的自我救赎。

萨提亚认为，孩子的问题来自父母。孩子是家庭塑造出来的，家庭健康才能促成孩子健康成长。她总结了未满足期待的处理方式：放下那些尚未满足的期待；找出满足期待的其他替代方法；决定依然保有一个尚未满足的期待，考虑减少付出的代价；回到渴望的层次工作，找一个新的方法拥有更高的自我价值；为满足此未满足的期待工作。

一旦学会处理未满足的期待，我们就能够从期待的束缚中走出来，感受到自由，而不是被一堆"应该""必须"压得喘不过气来。因此，在亲子关系中，作为父母应注意以下几方面：

不要选错参照物，归因偏差。每个孩子都是独一无二的，如果孩子本身已经足够聪明和勤奋，那么父母更没有必要无止境地把他与"别人家的孩子"进行比较。

关心则乱，避免对孩子过度关注。无论家里有几个孩子，只要父母过度关注孩子的"某些表现"，都会充满焦虑。换成别人家的孩子，我们都知道"想开点儿，孩子已经很优秀了"。身在其中，反而会出现放大镜下无优点的现象。

切忌逻辑混乱。或许不是孩子多了家长不焦虑，而是不焦虑的家长更容易孩子多。不焦虑的家长对孩子的生活要求、学业期待等各方面都比较宽松，孩子多了也会分散一些注意力。而焦虑的家长，即使孩子多，也依旧会苦不堪言。

03 / 无条件自尊

无条件自尊的人认为，自己的目标和期望是能够达到的，并发自内心地认可它们的价值。

无条件自尊的人，既不需要和别人比较，也不需要和自己比较，处于一种自在的状态。这样的人在乎自己的内心追求，因而也能够尊重别人的追求。

这种类型的人，可以说是自带光环了。他们阳光、乐观、自信而不自负，是人群中极受欢迎的一类。他们的意志、情绪不会受外界影响，每做一件事，他们都坚信做这件事本身的意义，不去和其他人做比较，甚至不去和自己比较，他们怀着善意，相信自己做的事情能给他人带来收获和便利。仿佛有他们在，所有的困难和挑战都变得和冬日的阳光一样温柔，没有什么是解决不了的，一个微笑就能让难关不攻自破。

在培养孩子自尊的过程中,父母可能会被孩子暂时的不足和缺点蒙住眼睛,往往忽略了孩子的优点,对其感到失望,这对孩子的成长非常不利。"金无足赤,人无完人",孩子有缺点并不可怕,父母需要正视和正确对待孩子的缺点。

作为父母,请收起与"别人家的孩子"比较的心,只要教会孩子不断地追求自我进步,就已足够。孩子不与他人比较,而是每天追求自己的点滴进步;父母也不把自己的孩子与别人家的孩子比较,而是用自己的行动激发孩子的上进心——这种与自己的较劲,没有伤害,最见情深意长。

很多父母为了刺激孩子变得努力、优秀,喜欢用激将法教育孩子,"你不……我就不爱你了""你不……我就不给你买玩具"。这种行为传递给孩子的信息是"爱是有条件的""你永远不够好"。

那么他永远无法获得心安理得的爱,永远需要去比较、去竞争,甚至讨厌"别人家的孩子",而这对孩子的情绪、社交发展丝毫没有帮助。

觉醒时刻

向"别人家的家长"学习

没有天生聪明的孩子,只有好吃懒做的家长。"别人家的孩子"背后,是"别人家的家长"。

学霸家长常说的"孩子太省心了",就像成功人士说的"我就是幸运"一样,都是骗人的。

学习兴趣、学习态度、学习动机、学习能力、学习方法,小学三年级前靠家长引导,之后就是孩子的惯性了。

教育,往往慢就是快,少就是多。

父母可以尝试这样做:

(1)尊重成长规律,发展孩子的个性。

(2)让孩子在玩中学,情绪体验决定成长效果。

(3)目光放长远,重点关注孩子的品格、能力和优势。

第17天
第18天

唤醒孩子的自驱力

第17天
ⓘ 走出养育的三个误区

让这个世界更好的永远不是批评家,指责和抱怨孩子只会让亲子关系更糟,亲子教育也会随之进入死胡同。亲子关系大于亲子教育,也就是说,父母只有在尊重和理解孩子的基础上,才能考虑孩子未来成长的可能性。

孩子总会在父母看不见的地方捣蛋,以做坏事的方式成长,自我实现的萌芽时常是以"恶"的形态显现的。确实,没有不乖的孩子，只有没有被看到的情绪和呼唤，把错误当作信号，我们才有更多的机会和孩子一起成长。

01 / 把决定权交给孩子

| 真实的孩子，比乖孩子更可贵

让孩子"听话"之前，先问问自己，我们希望孩子变成什么样子？细想一下，谁没有过爱探索、想尝试、希望做点儿特别的事情的经历呢？如果父母不允许、不接受甚至批评责备孩子，那么孩子内心的羞耻、无助和崩溃又将何处安放？大多数孩子有过一两次这样的经历，就会和父母"选择性分享"。他们宁可不沟通，也不愿意再次经历羞耻和责备。亲子关系之间的信号站，就这么被损坏了。

父母的评价，是孩子最初的自我评价。父母再怎么说"为了你好"，孩子感受到的都是"反正我做什么都不对"。而那些从小被允许的孩子，看上去做了很多不可思议的事情，但是在一次次自主尝试的过程中，他们建立了积极的心智模式。这样的人生底色，会让孩子的人格更加完善，选择更加自由，做事更加主动，对自己、对他人更加信任，也更愿意爱和合作。

想让孩子长大后具备选择能力，那么从小就要给他选择权。平时外人眼里的乖孩子，没有足够的自我空间，被父母一味地压抑，孩子自我崩塌的同时也会反噬父母。

真父母，才是好父母。

真孩子，才是好孩子。

父母和孩子都不需要那么"优秀"，家庭里每个人都有真实的喜怒哀乐，这才是鲜活的存在。

| 成为孩子的最佳配角

关系是场双人舞。

边界感弱的，会被边界感强的冷落。

讨好型的，会被控制欲强的操纵。

依赖型伴侣，会被骄横的另一方伤害。

人际关系大都如此。解决方法是做自己，尽可能地让自己真实、真诚、自如。你的边界和期待，对方也会收到。做好自己，就是拥有好关系的开始。

父母对孩子未来的规划，无疑倾注了心血，无疑是为孩子好。但是需要明白，人生的路依然要孩子自己走。父母更应该做的是分析和告知孩子的选择可能带来的结果，剩下的还是让孩子自己决定吧。尤其对于十几岁的孩子来说，他有能力也应该自己做出决定，理解并承担可能出现的结果。更何况，父母的判断只是基于自身的经验，是否正确也不得而知。

02 / 犯错误的勇气

| 犯错只是犯错

恩格斯曾说，思维是地球上最美丽的花朵。那么，这朵花在孩子身上是如何绽放的呢？

发展心理学研究表明，六岁以下的儿童的思维发展，是从直观行动到具体形象再到抽象逻辑这样一个过程，像在孩子的脑中搭建了一个不断升级的"思维实验室"。

孩子慢慢长大，越来越"不听话"。很多父母不允许孩子犯错，常常训斥道："我明明告诉你不可以，你却偏偏不听。"其实，我们不用害怕孩子犯错，也不用上纲上线，而是应该和孩子一起面对和处理问题，该道歉的要道歉，该承担的要承担。不能强迫孩子道歉，更不能一走了之，孩子需要示范和引导。

承担起教育的责任

行为有问题，就不能改变了吗？

孩子的问题，只能靠惩戒解决吗？

其实，父母在遇到孩子犯错时，可以先想想这几个问题：

（1）孩子为什么犯错？

（2）孩子为什么害怕和父母说真话？

（3）孩子的问题能不能找到化解的方法？

惩罚不等于教育，父母越用权威压制孩子，孩子的问题越不可能化解。有些问题，并不都是孩子的错，或许是父母的教育方式不正确。如果动不动就责备，把孩子往外推，那么就是在告诉他"这是你的错""这和我没关系""我不会帮你解决问题"。

没有天生的"坏"孩子，只有没找到好办法的父母。父母应该正视孩子的行为，接纳孩子的情绪，和孩子一起解决问题，而不是推卸帮助孩子成长的责任。

| 父母也可以犯错

我刚知道怀了小千时，坐卧难安的惊恐超过了"英年早孕"的喜悦，倒不是因为害怕失去自由，而是担心自己不会爱孩子，不会养孩子。这种当不了好妈妈的恐惧，源自我自己的成长经历：见过因父母疏忽而使孩子夭折的意外，自己还曾养死过宠物。

小学二年级，我给两只小鸡洗澡时，一只不小心掉进澡盆，淹死了；另一只，我怕它冷，放在暖气片旁边，热死了。邻居的猫寄养在我家，我怕它饿着，喂了很多鱼虾，结果撑死了。舅舅家有一窝小兔子，因为我喂错了饲料，也死了。这样的事情有很多，我一直认为自己不会是一个好主人，怀孕后更觉得自己不会是一个好妈妈。

后来，我和督导（为心理咨询师提供专业指导的人）聊起这种感受，她说："看来你已经有很多照顾生命的经验了，知道如何冻死、热死、撑死、病死一个生命。"我说："那我反着来呗，关心则乱，放轻松点儿，别爱过了。"

这是很有意思的一段对话，我突然明白爱是先有了心，才有了能力。比起做一个完美的好妈妈，我更愿意做真实的自己，这就是最好的解脱。

做妈妈会恐惧，担心自己不会爱孩子，不会养孩子，甚至会面对很多评价和指责。那又怎样呢？曾经是"坏"孩子的我们，现在很努力地做一个"不怎么样"的大人，已经很了不起了。是的，那就做一个"不怎么样"的妈妈吧！

03 / 学会向孩子请教

| 少管，是最大的爱

如果你不懂孩子，也不想懂，那么少管少压迫，孩子受到伤害的可能性就会降低。

如果你真懂孩子或自以为懂孩子，那么少说教少控制，孩子受到的压制就会减少。

如果你不知道自己懂不懂孩子，也不确定自己能不能懂，那么少干预少拧巴，孩子的焦虑就会少很多。

对于孩子，父母可以在情感上尽量呵护和支持，在行为和发展上尽量"少管"。"他命由他不由你"，把孩子有限的精力留给他自己，而不是浪费在和你的彼此消耗上。你要的不是"你赢"，你要的是"他赢"。

| 学会尊重，学会请教

很多父母为孩子的教育问题彻夜难眠，到处打听教育方法。其实，如果父母真正懂得了尊重孩子，那么自然会向孩子请教。向孩子请教就是了解孩子是怎么想的，研究孩子最容易接受的方法是什么，从而取得孩子的积极配合。教育是一个互动的过程，父母可以多问问孩子："妈妈这样做好不好？""你喜欢不喜欢？""爸爸怎样做你才更满意？"

陶行知曾经说过，教育的最高境界就是培养出值得你崇拜的学生。在某些话题和问题上，家长可以假装不懂，寻求孩子的解答。在这个过程中，我们不仅激发了孩子的语言表达能力，而且培养了他主动表达的勇气与自信心。那么，孩子要是表达错了，怎么办？父母可以敞开胸怀接受孩子的表达不甚完美，同时帮助孩子更好地表达自己。慢慢地，孩子的信心建立了，语言表达的能力也会逐步提升。

延伸阅读
叛逆与成长

叛逆就是成长。叛逆不是孩子"不听话""故意作对""屡教不改",而是他想证明自己更有力量了。孩子的成长往往伴随着阵痛,一方面是尚未发展成熟的身心,另一方面是膨胀的自我。父母最好的支持就是"留白",在规则之中,留给孩子犯错和承担的空间。

很多父母都会认同这句话:孩子是天生的"犯错机器",最擅长的就是"气人"。然而,犯错和破坏是孩子具备完整人格的必经之路。如果没有经历过犯错和破坏,那么所有的乖巧和正确可能是一种病态的讨好。

当孩子叛逆时,父母可以思考以下几个问题:

判断孩子对错的标准是什么?由谁决定?

如果对错的标准来源于父母或者所谓的权威的情绪,比如焦虑、生气,那么可能会是一个不确定的标准。如果对错的标准来源于法律规范或者父母与孩子商定的规则,那么可以说是相对确定的标准。

孩子的错属于什么类型?是否不可容忍?

孩子的"错",是不良行为,还是负面情绪,抑或是坏习惯？每一种"错误"都意味着一种"标准"，但是对父母来说，容忍和包容也意味着转机和解决方案。

孩子出错的原因是什么？

如果孩子受愤怒、紧张、不满等情绪影响而反复出错，那么他就不是"故意犯错""屡教不改"，而是在自动化地应对这些问题。如果孩子认知不够，比如安全意识不足、责任意识缺乏，那么反而需要父母给孩子补上这堂课。

我们是为了纠错，还是为了孩子的成长？

父母越说，孩子越错；父母越反感，孩子越反复错。父母一味纠错，孩子就会错得越多。反复问责就是负面强化，把孩子有限的精力都消耗在了错误上，甚至增加了孩子对问题本身的抵触。每个错误里都有成长的答案，接纳孩子的错误不是包庇和纵容，而是在正确引导下，允许孩子去尝试和挑战。

第 17 天

第 18 天
唤醒孩子的
自驱力

第 18 天
ⓘ 让孩子的内驱力自然生长

孩子总被催,但还是磨磨蹭蹭,可能不是他的态度不端正或者能力有问题,而是内驱力不足。

不是孩子不"自驱",是父母"外驱"太强大,生生把孩子挤出了自己的主场。

01 / 关注孩子趣味

孩子都有原始的好胜心和无限的求知欲。父母需要做的是找到他的兴趣点和内驱力，让他学会"用好的过程带来好的结果"，而不是一味奉行狼性法则。毕竟，幸福的人更容易成功，孩子享受学习和成长才最有意义。

父母最了解孩子的个性。有的孩子对于竞争天生不感兴趣，唯恐陷入比较，那就别参与。有的孩子天生好强，特别渴望证明自己，那就多参与。有的孩子对自己感兴趣的事情，没有条件创造条件也要参加，那就看兴趣参与。尊重个体差异和自身节奏，千万别乱。真正尽责的父母，就是把孩子带到"他想去的地方"。

父母关注孩子的兴趣点，激发孩子的内驱力，一定要注意以下几点：

（1）"学了一门技术，恨上一门艺术。"如果过度教育，还不如放弃教育。

（2）离开孩子的天性特质和家庭养育方式谈教育，是不合理的。教育本身就是个体选择，很私人化，孩子不一样，家长也不一样。孩子的天赋差异、发展阶段、性格特点不尽相同，在兴趣和技能的选择上，一定存在个体差异。

（3）六岁以下的孩子参加兴趣班，可以更多地考虑兴趣、启蒙、多感官的体验。如果孩子确实很喜欢某个项目，甚至很擅长，那么父母当然不用拦着。六岁以上的孩子，兴趣会慢慢集中到某一个或某几个项目上，更容易"刻意练习"。

（4）长期目的和短期目的，父母要心中有数，不然很容易被别人、被商家、被社会绑架。报兴趣班，满足的是孩子的需求，而不是别人的期待。

（5）用发展、多元的思维看孩子，只有单项技能强并不值得炫耀。两岁认3000字或者背300首唐诗，并不会真的提升孩子的学习能力。一时的、单项的成绩并不代表永恒的素养。教育真的像是马拉松，让孩子的求知欲、内驱力战胜外力，孩子才能真正地化学习为力量。

（6）但是有一点是不变的：要想孩子发展得好，父母一定要投入时间和精力，不能全靠着学校、培训机构、社会让孩子完成进化。父母永远是孩子成长和教育路上的第一责任人。

（7）兴趣教育不一定只能在课堂上。生活是最好的老师，如亲子阅读、逛博物馆、旅行等，都可以用来培养孩子的兴趣。父母开心，孩子也开心。其实，在全球范围内，学校教育都只是基础，学校提供的是基础性、普遍性、适宜性的发展，并不负责孩子的未来，家庭教育才是决定性的。好父母愿意尊重孩子的天性，善于观察孩子的兴趣，并一步步地把孩子带向他想要并且能够到达的地方。

02 / 找到适合的目标

自驱力是推动个人进步的核心力量。如果把人比作一辆车，那么自驱力就是发动机。这辆车的发动机要是不给力，外部的力量固然可以拖动它前进，但是这样的前进是无法持续的。一旦外部力量消失，这辆车就止步不前了。然而，有些父母认为：

> "自驱力确实是个好东西，但我不信孩子会有。"

> "玩耍是人的天性，没有人喜欢辛苦学习。"

> "自驱力是天生的，就跟学霸是天生的一样。"

图21 自驱力认知误区

有没有人天生就缺乏自驱力呢？心理学家认为，自驱力是人类固有的一种追求新奇和挑战、主动探索和学习的内在倾向。也就是说，自驱力是人类天生的一种品质，每个人都有，只是有的人没有表现出来而已。

父母给孩子设置合理的规则和目标，让他在"最近发展区"踮起脚就够得着，才能更好地培养他的责任感和胜任力，实现持续成长。比起获得优异的成绩，完成宏伟的目标，创新性、独立性和主动性才是孩子面对未来需要具备的能力。

立了目标，却实现不了，就会给孩子带来强烈的挫败感，打击自信心。如果真的想要做成一件事，就需要严肃地对待它，在细节上多下些功夫，用适合自己的方法坚持下去：

可视化＋小细节＋执行力＋反馈调整＝坚持到底

图22　让孩子坚持下去的方法

人总是贪图一天的进步，却低估一年的成长：

- 重复利，任何学习都有"雪球效应"，只要持续坚持，结果一定很好
- 重切割，有计划、有目的地执行核心任务，单点击破效果更佳
- 重心流，做自己爱的事或让自己爱上做的事，效率最高

图23　唤醒自驱力的方法

03 / 驱动孩子幸福一生的能力

奉行快乐教育的父母，把快乐生活等同于舒适安逸的生活：只要孩子不吃苦，他就一定能收获幸福的人生。事实上，孩子已经

在真实的竞争环境中产生了焦虑情绪，自身潜能得不到发挥也会剥夺他自我实现的权利。

孩子"缺乏"自驱力的四种典型状况：

- 明明知道要做，就是不做
- 对什么都感兴趣，就是对学习不感兴趣
- 对什么都没兴趣，干什么都没劲
- 对自己要求太高，不能接受失败，反而最终躺平

图24 自驱力不足的四种表现

积极心理学之父马丁·塞利格曼曾说，暂时性的感官享受（看电视、购物等）是愉悦的生活，然而愉悦的生活不是真正幸福的生活。幸福的生活是每一天都用自己的优势创造真实的美好和丰富的满足感。

无论是成人还是孩子，幸福感都来源于对自我和环境的控制感。在孩子自驱力的培养上，父母是关键，学习、家务、运动等都可以用来培养孩子的自驱力，帮助孩子体验自我努力带来的快乐感和成就感，让孩子掌控自己的整个世界。

延伸阅读
激发内驱力的"SMART原则"

S – Specific（具体） 目标尽可能具体，比如，"新的一年我要坚持运动"是一个比较模糊的目标，而"每天慢跑一小时"就很具体。

M – Measurable（可测） 完成度要能衡量，可以把大目标细化成一个个可实现的阶段性小目标，比如，"新学期我要背诵60篇古诗文，每两天背诵1篇，120天实现"。

A – Attainable（可达） 通过努力可以实现的目标才是好目标，比如，一个成绩较差的孩子，可以把目标定为"每次考试进步1名"，而不是"下个月我要进入班级前3名"。

R – Relevant（切题） 对目标进行筛选，集中精力实现对个人成长比较重要的目标。想法和目标过多，孩子势必会分散注意力。因此需要对想做的事情分出轻重缓急，集中精力去实现相对重要的目标。

T – Time bound（时限） 一定要设置实现目标的时间期限，适度的压力可以转化为孩子进取的动力，否则就容易变成一句空话。

第 19 天

第 20 天

升级孩子的
　　专注力

第 19 天
ⓘ 扫雷，你不知道的专注力真相

专注力在所有关于孩子教育的话题里，一直是父母关心的重要问题。专注力差不是孩子的问题，更不是孩子天生的，它的背后既有孩子情绪的发展，又有孩子大脑的发育，更有父母养育方式的问题。

但是父母对专注力的误解颇多，养育过程中存在很多影响孩子专注力成长的误区。如何走出专注力误区，创造适宜孩子专注力发展的成长环境，是每一位父母都必须做的功课。

专注力，是我们每一位父母必须给孩子装备的技能。不是为了高分，不是为了名校，而是为了让孩子具备热爱、投入、有自我价值感的能力。

专注于自己喜欢的事，甘之如饴地投入和思考，把它们做到别人无法超越的程度，这样的孩子不管学什么、做什么，都能让自己快乐且有成就感。

01 / 专注力的三个误区

孩子发呆就是专注力不够

很多父母一看到孩子发呆走神，就觉得自己的孩子专注力有问题，将来不可能成为一个效率高、执行力强的人。

实际并非如此，孩子的大脑有一部分时间是用来发呆的，成年人也是如此。适度的游离反而是保证孩子能够高强度专注的前提。

| 孩子不用心就是专注力不够

很多父母都觉得自己的孩子挺聪明的，就是不用心，没把心思放在正事上。这句话听上去没毛病，但是潜台词是：孩子的能力没有问题，只是不用心，并不是孩子不聪明。

实际上，孩子可能在看似聪明的背后，存在专注力发展的困扰。父母误会了孩子专注力发展的真正的水平，忽视了孩子聪明但混乱背后的大脑发育真相和心智发展规律。

经常有父母在我们的直播间留下这样的评论：

"我们家孩子三岁，让他写作业，写三分钟就跑了。"

"我们家孩子七岁了，每次看书，别人家孩子一坐一个小时，他坐半个小时就开始毛毛躁躁，挺挠头的。"

不管是让三岁的孩子写作业，还是让七岁的孩子阅读一个小时，都离不开孩子专注力发展的平均水平。一旦父母避开孩子的能力和水平去聊孩子的问题，往往就会夸大甚至扭曲孩子的真实发展状况。

还有一种孩子，说起来头头是道，做起来却相去甚远，看上去是孩子的动手能力很差，殊不知从"知道"到"做到"之间，其实隔了十万八千里。想让孩子专注，父母需要持续地帮助孩子拆解专注力方面存在的问题，逐步寻找破解之道，真正让孩子从大脑里的"知道"到行动上的"做到"。

孩子不听、不做就是专注力不够

有些父母认为："我跟孩子说了100遍，该做的也都做了，但是孩子就是不听、不做，不是他态度有问题，而是他专注力太差了。"

其实，这跟孩子的心脑发展水平有关系。父母用孩子能够接受的方式和孩子沟通，孩子的注意力才会处于唤醒状态，才会对父母提出的问题感兴趣。

父母总是吐槽孩子执行能力太差，做事完成度太低，粗心大意。也有父母对我说："老师，你说的这些道理我都明白。我知道要跟孩子好好沟通，知道孩子并不那么差，也知道孩子的专注力很可能都是被我们破坏了，但是我就是做不好。"

很多父母在育儿的道路上，看了很多书，读了很多公众号文章，也试了各种育儿方法，甚至拿高效能人士的习惯鞭策孩子，可还是做不好，这是为什么呢？

02 / 大脑发育的四个基本点

关于孩子专注力发展背后的四个真相,父母要学会"暗度陈仓",把自己的心和脑借给孩子。父母一定要认识孩子专注力的指挥中心,即孩子的大脑,现在经常用"巨婴"这个词来形容心智发展不成熟的孩子。

三岁孩子的脑重大约相当于成年人脑重的85%。但是,孩子负责情绪、自律、执行的前额叶要到18~25岁才能发育成熟,尤其在漫长的青春期,孩子非常像个"巨婴"。

什么叫"巨婴"?即孩子的大脑非常原始:很容易分心,常被外界的事情所吸引;同时非常情绪化,脾气一上来,孩子的行为立马瘫痪;而且听不进去道理,如果我们用孩子易于接受的方式与他沟通,他又很容易配合,吃软不吃硬。

那么,怎么发展孩子的专注力呢?父母首先要接受这个现实,即孩子非常像个"巨婴"。我们会怎样对待半个月的婴儿?当然要尊重婴儿的原始本能,尊重其生物性,理解其情绪化,尽量满足其需求,同时帮助他慢慢建立稳定的作息规律,以适应这个世界。因此不管我们的孩子是三岁、十岁还是十八岁,只要他有专注力发展的困扰,我们都要首先接受这个基本的"系统出厂设置"。

以下是适应孩子大脑发育、提升孩子专注力的四个基本点。

| 休息好，才能更专注

很多父母不能理解，为什么总是强调孩子要有充足的睡眠，要有足够的玩耍时间？这是因为休息是帮助大脑更好地适应环境、提升专注力的时间。

小学生睡眠不足，还得承受着高强度的学习或训练，这并不利于孩子的专注力发展。孩子任务越多，越是忙乱，他越难集中精力，越难表现优秀，反而会出现更多的失误，之前已经掌握的知识或技能也会遗忘，甚至连续出错。

成年人也有这样的感受，当我们前一晚没有休息好的时候，第二天应对重大的挑战时往往会丢三落四，甚至出现重大的失误。因此对孩子来说，至关重要的休息就是睡眠，那时大脑并没有闲着，反而是在帮助孩子消化白天所学的知识。

大脑就像一台超级计算机，它会在休息的时候厘清无关信息，定时重启系统，留下关键信息。因此不管是成人还是孩子，只有当大脑得到休息的时候，才能去谈专注力水平的提高。如果父母以牺牲孩子的睡眠和休闲时间为代价，以期望提升他的专注力和学习效率，那么孩子的学习效率反而会降低。

| 发呆，有益于大脑的信息整合

大脑可以利用发呆的时间进行关键信息整合。

发呆，是让大脑在关键时刻运转得更好的基本条件。

工作间隙，刷刷搞笑视频；忙碌的时候，偶尔看一眼八卦新闻，都可以帮助我们调节状态。同样，当孩子穿袜子时发呆，上课时走神，也许并不全是坏事，这是孩子的大脑在闲逛游荡。不管是主动游荡还是被动游荡，对孩子而言都具有整合的意义。

不要太紧张，孩子的白日梦、孩子的走神、孩子的发呆，往往是大脑关键能力的整合。

| 轻松的氛围，让孩子更加专注

不少父母都特别担忧，孩子漫无目的地玩耍，学习效率会低下。其实对于大脑来说，玩耍就是充电，这是非常重要的底层逻辑。

科学研究发现，笑可以提高孩子的意志力。当孩子笑过之后，再执行任务，他会更容易接受艰难的挑战。

幽默、好笑、好玩的活动，可以有效地补充孩子的大脑储备。在孩子的学习过程中，父母一定要鼓励这种好玩有趣的文化，帮助孩子找到这些有意思、轻松幽默的时刻，从而提升孩子的专注力和意志力。

如果一个团队或一个学习小组具备有趣的文化氛围，经常开玩笑，分享搞笑的事情，那么就可以帮助各成员显著地提高工作和学习的效率。这再次提醒父母，玩耍并不是漫无目的地浪费时间。

有关学习力的研究发现，如果一组孩子照着说明书玩玩具，另一组孩子拿着玩具漫无目的地玩耍，那么那些漫无目的地玩耍的孩子展现出来的创造力，比那些照着说明书玩耍的孩子会更好，也能发现更多的复杂玩法。因此玩耍并不是在浪费时间，反而可以让孩子的专注力发展得更好。

| 适度的挑战，可以提升专注力

有些父母问，给孩子过多的任务，会不会损伤孩子的专注力？其实不然，适度的挑战，可以帮助提升孩子的专注力。也就是说，适度的压力，其实是孩子的"好朋友"。

压力究竟是"益友"还是"损友",取决于它的挑战程度。一个关于考试的研究发现:如果学生知道这门课会考试,即使他还没有参与考试,只是知道这件事情,他学习的集中精力水平和用心程度都会提升10%~20%。当内心具有压力时,学生会更加专注,会投入更多的努力完成当下的挑战。

因此对父母来说,教会孩子应对所面临的挑战,可以帮助孩子跟压力做朋友,持续提升专注力和执行能力。

03 / 心理密码的四个真相

如果大脑这个指挥中心发育不好,那么孩子可能会经常面临情绪失控的状况。发展孩子的专注力,需要洞悉背后四个更大的真相。

| 越好玩,越专注

对大脑而言,玩就是学,玩就是充电,玩可以提高孩子的执行力、意志力以及情绪水平。因此对孩子来说,越好玩,越专注。

孩子做自己特别喜欢的事情时，更容易投入，专注的时间也更长。

举一个特别有意思的例子。小万、小亿四岁时去学画画，美术老师对我说："你们家儿子很安静，也非常有耐心，画了两个小时了还不肯走。"我哈哈大笑道："老师，那是你没见过他们在操场上的样子，根本安静不了三秒钟，立马开始疯狂玩耍。"

孩子在家也经常打打闹闹，非常活泼。但是美术老师觉得他们非常安静，为什么呢？因为他们非常喜欢画画，喜欢天马行空地创作。他们在绘画方面展现出的专注力时长超过了同龄人，也超过了自己在其他事情上的专注力时长。

可见，孩子越喜欢，就会越专注。有的孩子写作业坚持不了多久，就开始抠手、玩橡皮等。那么，他在拼搭喜欢的乐高玩具、捏可爱的黏土小人时，他的专注力水平又是怎样的呢？

| 越休息，越专注

父母一定要保证孩子每天的黄金休息时间，也就是一定要给孩子9～10个小时的睡眠时间。初中生也至少要保证9个小时的睡眠时间。

很多父母会问："晴天妈妈，你们家孩子晚上八九点就睡了，他们睡得着吗？"

每个孩子的睡眠节奏是不一样的。孩子不一定非要21:00入睡，早上7:00起床。为了保证孩子有充足的睡眠时间，如果他晚睡，就让他晚起。按照正常的上学时间，尽量作息同步，最好早些入睡，这样可以保证孩子有更长的睡眠时间。

也有一些父母反驳说，孩子天生活跃，睡眠时间比较短，很多成功人士每天也只睡五六个小时。

但我真心希望父母一定不要忽视孩子的睡眠，孩子正处于身心发育的关键时期，父母一定要保证他有足够的睡眠时间，让他逐步适应自己身体的睡眠节奏。

睡觉比学习重要，孩子只有睡得够，情绪才会好，才能提升他的专注力和学习能力。

| 越运动，越专注

很多父母认为，孩子四肢发达，头脑一定简单。恰恰相反。认知神经科学研究发现，孩子有足够的运动，大脑的连接会更强，神经的可塑性也会更强。就像身体的肌肉一样，大脑的肌肉也会因为运动而呈现出更强的连接。

孩子踢球时，会运用手、眼、脑、脚，保持身体平衡，并判断球的方向，进而评估踢球的力度及目标位置。与此同时，他还需要与队友互动，需要攻守，需要迅速跑动。无论是空间的变化，还是力度的变化，对踢球运动进行一系列的评估和决策，也是对大脑进行一场很好的锻炼。

脑科学界认为，运动是最好的健脑药。父母无须给孩子吃补品，只要孩子有足够的运动量，他的大脑认知水平将会增强。认知神经科学研究发现，每天慢跑，可以有效缓解抑郁情绪。

运动具有三大功效：

🏷 帮助孩子稳定情绪
🏷 增强孩子的身体素质
🏷 提升孩子的智力水平和执行能力，增强数学逻辑和空间感知能力

图25 运动的三大功效

一项关于孩子学习成绩的测评发现，具有一项到两项运动习惯的孩子，数学成绩、阅读理解能力和空间感知能力更强。因此对孩子来说，越运动，越专注。运动不仅可以完善大脑的进化，还可以提升孩子的认知和平衡能力。

| 越被爱的孩子，越专注

如果父母有足够的时间陪孩子参加丰富的活动，那么将会促进孩子的大脑进化。孩子感受到亲友对自己的爱，就能收获来自家庭、朋友的积极情感，更专注地投入自己正在做的事情。

一位妈妈曾向我咨询，她的孩子十岁了，之前的英语水平一直非常好。因为家庭原因，他们给孩子换了一所更加适合他的国际学校。不料孩子刚去一个学期成绩就严重退步，甚至最擅长的英语，成绩也开始滑坡。

妈妈很困惑："孩子现在是不是学习有障碍？专注力水平有问题？"

我当时问了她三个问题。

第一个问题："最近是不是搬家了？"

第二个问题："是不是孩子到了新的学校适应得不太好，没有关系特别好的老师和同学？"

第三个问题："最近是不是您的工作比较忙，能够陪伴他的时间没有那么多？"

听了我的三个问题，这位妈妈说："我确实因为搬家和工作调动，最近比较忙。到了新学校，孩子跟老师和同学相处得也不太愉快。孩子的爸爸被派到外地工作，至少三个月后才能回来。平常爸爸陪孩子的时间较多，我陪得较少，我跟孩子之间的关系没有那么亲密。最近我也发现了，孩子因为对新学校不熟悉，每天上学的压力比较大，情绪也比较低落。"

这个案例说明，孩子的专注力除了与学习能力、执行能力有关，也与孩子感受到的情感支持有关。

如果孩子经常在家庭、学校中感受到被爱，那么这些强大的支持能够带给他更多的力量，孩子也会呈现出更好的专注力、更高的效能、更突出的自律能力。孩子越被爱，越专注。

觉醒时刻

找回孩子的专注力

1. 观察和记录孩子专注力表现最好的一件事,并分析原因。

示例:孩子喜欢画画,因此画画时最专注。

◎

2. 观察和记录孩子专注力表现最差的一件事,并分析原因。

示例:作业题很难时,孩子思路不清晰,专注力最差。

◎

3. 如何使用我们今天所学的知识应对?

示例:接纳孩子的混乱,并帮助他拆解难题,激发他的好奇心和挑战欲。

◎

第19天

第20天

升级孩子的专注力

第 20 天
ⓘ 深挖，心流创造超长优势

心理学中有一个经典的实验——棉花糖实验，研究的是延迟满足。研究人员把一些刚入幼儿园的孩子安排在一起，并对他们说，如果谁能够在规定的时间内不吃棉花糖，谁就会得到奖励。实验刚开始，有些孩子不停地按铃，说："我不等了，我要吃，我不要奖励了。"有些孩子提醒自己不要看眼前的诱惑，尝试把注意力转移到其他地方，而这些孩子真的坚持到了最后，获得了奖励。

研究人员在跟踪多年之后发现，当初能够坚持到最后的孩子，不仅不容易出现心理问题，也不容易有药物成瘾行为，并且他们的人生成长度、幸福度以及财富水平，都比实验刚开始时就忍不住按铃的孩子更高。

可见，延迟满足能够帮助孩子发展专注力。为了不被眼前的事物诱惑，孩子需要调整自己的注意力，转移到其他事情上，并做到专注。棉花糖实验还证明，孩子可以接受暗示，从而影响结果。

01 / 培养孩子专注力的六个方法

提升专注力，需要正确的方法。以下六个方法可以帮助父母很好地培养孩子的专注力。

| 设定一个积极的目标

如果孩子写作业拖拉，那么父母可以先明确目标："现在的目标是你要完成这个作业。"然后和孩子畅想目标达成以后，他将得到怎样的正向反馈。正向反馈最好是父母给孩子的精神性奖励：拥抱、亲吻、夸奖。这样孩子的自尊感得到了提升，自我成就感得到了满足，学习的内驱力自然得以增强。

设定积极的目标，有助于培养孩子的专注力。孩子有了目标感，才更容易沉浸于当下的任务。比如，孩子现在想搭一个乐高停车场，当他设定了这个目标，他会更容易专注地完成这个任务。有愿景，才有创造和努力。

| 拒绝打扰

很多父母有这样的习惯，当孩子专心做一件事的时候，父母忍不住会嘘寒问暖："你喝口水吧""你吃个水果呗""赶快来吃饭了"。其实，当孩子全心全意地沉浸于正在做的事情时，父母不应该去打扰他。孩子的注意力水平有一个平均值，不同年龄段有不同的数值。对于极具吸引力或目标感极强的项目，孩子的注意力会高于平均水平。

例如，有的孩子废寝忘食地画画，如果父母用"赶紧来喝水""赶紧来吃饭"打扰，那么就会打断孩子思维的连贯性，进而影响孩子专注力的发展。因此，如果孩子全身心投入在某件事情上，已进入心流体验状态，那么父母一定不要去刻意打扰他。

| 劳逸结合

鼓励孩子劳逸结合，多做运动。孩子的精力非常旺盛，他们是"充电五分钟，待机五小时"的"铁人五项"运动员。劳逸结合可以让孩子的大脑得到充分休息，他的专注力表现会更好。如果孩子从早到晚一直在学习，他的大脑就会陷入"懒人放空模式"，十分疲惫。最好的做法是劳逸结合，适时换一个脑区工作。比如，做完语文作业，就去画一会儿画，或者去户外玩一会儿游戏，让大脑切换状态，休息一下。

| 定期让孩子清理大脑

怎样清理大脑？除了休息和玩耍这两个有效方法，父母还可以帮助孩子解放短时记忆。比如，父母可以利用记忆工具，帮助孩子整合知识，构建知识间的联系，提升理解力，形成知识网络，并清理一些无关无用的信息或枯燥的重复记忆。这样既能减轻大脑负荷，清理无效信息，又便于调取知识储备。

| 正念练习

正念是心理学概念，当我们专注于呼吸，真正活在当下时，大脑更容易专注。一些高效能人士都会定期小坐、冥想或小睡，与自己的身体建立连接。孩子天然具有正念特质，容易全身心投入手头的事情。这点较之成人更有优势，由于成人的神经元不具备孩子的高度敏感性，成人做事有时并不容易全身心投入。

为了培养专注力，父母可以和孩子一起做正念练习，教给孩子一些呼吸术。推荐两个适合父母和孩子一起做的正念游戏：

小青蛙

鼓起腮帮子，轻轻吐气；张大嘴巴，轻轻吸气……这样的呼吸练习，对孩子的情绪发展和学习表现会有所帮助。

吹蜡烛

当你觉得孩子情绪有些暴躁时，你可以跟他说："我们一起来玩吹蜡烛的游戏，'呼——'"。通过深呼吸，大脑吸入更多的氧气，进入高氧状态，孩子的注意力也会更加持久。

生物反馈技术

当孩子的专注力发展遇到障碍时，比如多动症或其他生理性、心理性障碍，最好采用生物反馈疗法，并听从专业人士的指导。

02 / 心流：专注的力量

心流是积极心理学的一个重要发现，当一个人能够全心全意地投入当下，他就会进入心流状态。电影《心灵奇旅》讲的就是这种心流体验。当你沉浸于一件事时，比如看电影或者全身心地与好朋友聊天，你会感到时间飞逝，那么就是进入了心流状态。

很多父母都希望孩子能够像沉迷游戏一样沉迷于自我成长，希望孩子专注投入地做事，不管是学习还是其他事情，都能充满激情。

心流的秘密是什么呢？要想达到心流状态，需要极其专注，全身心享受做事的过程。有些父母可能会质疑："这样孩子不会松懈吗？"其实不然，处于心流状态下的孩子，他的情绪以积极情绪为主，呈正负性波动。也就是说，在这个过程中，孩子会有消极情绪，比如紧张、焦虑等。但是因为他已经全然投入，所以可以把握好平衡，积极情绪会占据主导地位，以至最终收获成就感。

例如，你临时去做一个你不擅长的演讲，你很害怕但又不得不做，那怎么办呢？只能试试，找资料、请教前辈、对着镜子反复练习，最终当自己完美地完成演讲时，你会获得极大的成就感。慢慢地，你就会收获自信，下次演讲会更加自如。演讲准备过程中的心流状态，对你的个人成长会大有裨益。

我已经讲过上千场课了，每一次跟父母分享，还是会紧张和焦虑："大家会喜欢吗？会有启发吗？会有帮助吗？"但是正因为每次都会担忧，我才会投入更多的精力，花更多时间去打磨，努力讲得更好。在这个行业这么多年，我依旧会有心流体验。

推己及人，父母不妨观察一下，孩子在喜欢的事情上是不是也会有这样的心流状态？这给了父母一个启示：如果孩子愿意投入时间和精力做一件事，并且长期坚持，那么他就可能会唤醒心流。受到成就感的驱使，孩子会持续证明自己，最终把爱好变成优势，把兴趣变成成就。

比如，父母经常夸赞孩子画画好，孩子就会想：如果继续努力练习，我能画得更好。在这种鼓励下，孩子就会不断努力，持续进入心流状态，这就会创造一种超长优势。

有动力，有投入，有挑战，有坚持，有成就，最终铸就了心流。正如奥运健儿的努力、优秀艺术家的投入一样，奋斗的过程孕育了心流。

03 / 迁移心流体验

失败并非成功之母。小成功，才是成功之母。

如果孩子在画画、讲故事或者某个学科上有心流体验，那么这些心流体验是可以迁移的。孩子在做自己擅长的事情中获得过成功的体验，他就会更乐意做这件事，这种心流状态会帮助他更加专注，甚至会享受这个过程。

我女儿走到任何一个地方，都喜欢玩劈叉，她喜欢别人围观她，称赞她，甚至会有炫耀的心态。当然她也会紧张，担心自己做得不好。但是她已经累积了这种体验，之后，她去尝试全新的领域，弹古筝或者画画，她都很乐意，并会说："妈妈，我连劈叉这么痛苦的事情都找到了自己的方法。我想尝试一下，如果喜欢的话，我一定也能做得很好。"

父母帮助孩子迁移心流状态，孩子找到自己的超长优势后，就能持续专注，那么他一定会发光。这就是孩子专注力的培养之路。

> **延伸阅读**
>
> **目标地图**

当孩子不主动、不专注时，我们怎样帮助孩子聚焦呢？适当地化繁为简，可以帮助孩子聚焦。

管理学中有一个建立习惯的工具——目标地图，它可以视觉化地帮助孩子梳理任务。

出门旅行，如果提前没有做好攻略，没有了解地图，是不是更容易迷路？对孩子来说，也是如此。孩子的情绪脑18～25岁才会发育成熟，而当下的执行能力也很弱。绘制目标地图有助于帮助孩子将目标视觉化，聚焦于主要任务。

如何绘制目标地图呢？下面推荐四种方式。

梳理清单表格

日常的时间表，家长可以与孩子沟通，一起绘制到纸上，可以是方格图、条状图、柱状图或饼状图等。也可以跟孩子分享家庭其他成员的事情清单表格。

比如，我女儿某日的清单是劈叉、练琴、画画，那么当她完成这个清单后，她就可以自由支配剩下的时间。

对成人来说，如果我们参加一个会议，却不清楚开会的目的，那么这个会议往往毫无效率。但是如果我们知道会议的目的，并及时复盘整理，那么这个会议才真正具有意义。我们成人自身尚且存在效率问题，更何况是一个孩子。梳理清单表格至关重要。

| 绘制更适合孩子的思维导图

我们家经常利用手账、黑板报或涂鸦绘制思维导图。当孩子识字量还没那么大时，通过绘制图文结合的思维导图，家长可以帮助孩子抓住重点，明确目标。

比如，孩子可以通过绘制思维导图安排暑假生活，完成主题作业，或者记录奇思妙想。思维导图可以将这些思维碎片梳理清楚，这对于二年级以上的孩子十分适用。

| 拿起那支烂笔头

孩子学习不需要那么多高精尖的科技产品，我们家没有给孩子买电话手表，也没有给孩子使用平板电脑。家里非常重要的工具是纸、笔。我鼓励孩子用纸和笔记录自己的日常见闻、想法、感悟。

不管孩子是用草稿纸还是笔记本写写画画，父母都应该多多鼓励，帮助孩子养成从小使用纸、笔表达自己的习惯。父母在包里放着纸和笔，供孩子随时取用。这时你会发现，旅途中孩子无聊时会随手画着玩；到了公园，没什么可玩的时候，孩子也会写着玩。

慢慢地，孩子的思维会更清晰，愿意记录个人灵感、想法，这些都会帮助孩子将思维视觉化。孩子会更有逻辑、更专注、更投入，学习的效率也会更高。

| 召开家庭会议

家庭会议怎么开？可以总结为两句话。

第一句话，"今天我哪里做得好？"父母需要充分肯定孩子的点滴进步，鼓励孩子自我肯定。比如，"今天我没有过度使用电子产品""今天我乐于助人""今天我是老师的好帮手"等。

第二句话，"我哪些地方还可以做得更好？"比如，"明天我写作业时可以不拖拉""明天我可以提前整理书包"等。

这样的建设性语言，可以避免攻击，避免指责，避免相互拆墙脚，让家庭茶话会变得非常温馨，孩子自然会健康成长。即使孩子年龄还小，也可以召开家庭会议。

疫情期间，我忙着写稿子，孩子们在旁边玩耍。有一次，小万、小亿因为争抢捕虫网玩具，与其他小朋友闹得很不愉快，以至于大家都哭了起来。

我严厉地跟他们说："你们要么一起玩，要么就不一起玩了。因为你们没有处理好规则问题，所以就只能暂停这个游戏。"

吃午餐时，我和小万、小亿聊天，问道："今天你们什么地方做得好？"

他们说："我们和别的小朋友分享了玩具，我们做得很好。"

我又问道："什么地方还可以做得更好呢？"

他们说："下次跟小朋友一起玩的时候，我们可以提前把游戏规则告诉对方。"

我说："非常好。"

他们接着说："下次小朋友没有遵守游戏规则时，我们可以更友善地解决，而不是等爸爸妈妈来帮我们解决。"

这件事看似是社交问题，其实也可以用对话的方式帮助小朋友主动思考并调整自己的行为。像没有完成老师的要求、上课小动作过多等问题，都可以用这种家庭会议的方式解决。

为什么人们都喜欢玩游戏？因为游戏总是会实时反馈你得分了，你掉血了，你遇到主线任务了，你要执行副线任务了，等等。同时游戏还有很多及时的奖励，比如吃金币、拿钻石、涨积分，等等。此外，游戏还有社交互动，通知你晋级了，通关了，上排行榜了，等等。

如果我们能用这种游戏的方式，及时给孩子正向反馈、实时奖励以及社交互动，孩子的目标感和任务感就会得以增强，内在驱动力就会得以激发。

第21天

复盘日

★ 激活孩子的自尊感

不乱给孩子贴标签，学会理解和支持孩子，逐渐培养孩子解决问题的能力，才能真正激活孩子的自尊感。如果家长一味期待孩子按照家长的意愿成长，看不到孩子真实的需求，那么孩子可能会被一堆"应该""必须"压得喘不过气来，又怎会自尊自爱呢？

★ 唤醒孩子的自驱力

真父母，才是好父母；真孩子，也才是好孩子。父母和孩子都可以犯错，只要互相尊重，互相请教，塑造互助互利的家庭环境，孩子的自驱力自然会生长出来。

★ 升级孩子的专注力

越好玩越专注，越休息越专注，越运动越专注，越被爱越专注。这四个真相是否转变了你对专注的认知呢？你学会了哪些提升孩子专注力的方法呢？

后记

养一个孩子能有多辛苦

生物学家会告诉你，亿万年的进化才有了生命的起源。医学家会告诉你，要保持孩子的身体健康父母需要步步通关。经济学家会告诉你，没有100万元培养不了一个优秀的青少年……只有为人父母的过来人才知道，养儿育女背后的点点滴滴、日日夜夜，一步步都离不开呵护和陪伴，养育是科学，更是艺术。

刚当妈妈的时候，我总觉得"一切都有标准答案"。三个孩子越长越大，我也陪伴、见证了很多的家庭一起成长，深深感受到"教育没有标准答案"，但是父母可以找到更积极、更和谐的方式滋养孩子和自己。

养孩子很简单，只要做好父母，大概率能养出好孩子。

养孩子也不简单。好父母养出好孩子的背后，是整个家庭教育生态的支持。在积极养育的过程中，父母会获得自我成长，孩子会获得尊重、接纳，这也是"人"成长的全部。

孩子出生的时候，父母这个角色才诞生了。成为孩子生理上的父母如此容易，而成为孩子心理上的父母却考验重重，十分不容易！

这本书便是送给新父母的养育指南。

阅读完本书并不是结束，而是新的养育阶段的开始，是父母更积极地养育、更深刻地觉察、更亲密地合作的开始，是父母成为孩子"合伙人"的新征程。

每个孩子都不一样，每个家庭也都不一样。找到自己家庭养育的"地图"，就不容易被养育问题困扰，不容易被外界的噪声干扰。即使是父母在某些环节中真的出错了，也可以借助积极养育的知识和方法，回到养育的正途上，把握养育的大方向。

非洲有句谚语：养育一个孩子，需要全村的力量。比起完美的养育，我们更希望和孩子真实又积极地合作，能有一个"小村庄"共同实现养育的愿景。养育路上，父母和孩子本来就是彼此的"村庄"，我们也可以找到同路人，成为彼此的"村庄"。

感谢读者，借由这本书，我们彼此滋养。感谢我的三个孩子、爱人和长辈。感谢我的导师和朋友。也感谢"亲职村庄"的同路人，你们也是我的"村庄"，感恩同行！

晴天妈妈